Dieter Portner

Überzeugend diskutieren

Diskussionstechniken zum
besseren Durchsetzen Ihrer Ziele

BELTZ Taschenbuch

Besuchen Sie uns im Internet
http:\\www.beltz.de

Für meine Gisela (Zettlein)

Beltz Taschenbuch 600
Gesetzt nach den neuen Rechtschreibregeln
Lektorat: Ingeborg Sachsenmeier

© 2000 Beltz Verlag · Weinheim und Basel
Herstellung: Klaus Kaltenberg
Satz: Satz- und Reprotechnik GmbH, Hemsbach
Druck: Druckhaus Beltz, Hemsbach
Umschlaggestaltung: Federico Luci, Köln
Umschlagabbildung: Bavaria Bildagentur, München
Illustrationen: Ulrike Rath, Aachen
Printed in Germany

ISBN 3-407-22600-4

Beltz Taschenbuch 600

Über das Buch:
Ob man will oder nicht – immer wieder muss man diskutieren. Es gibt die unterschiedlichsten Anlässe. Natürlich möchte man die anderen von den eigenen Vorstellungen und Ideen überzeugen. Untersuchungen zeigen, dass dabei aber nur ein Drittel auf das inhaltliche Gewicht fällt, während die anderen zwei Drittel der Überzeugungskraft in der Art und Weise liegen, wie man argumentiert und in der Diskussion vorgeht. Mit Hilfe dieses Buches lernen Sie die Grundregeln der Argumentation sowie erfolgreiche Diskussionstechniken kennen. Erstmalig wurden zudem sechsunddreißig Diskussionstechniken und Argumentationsmethoden zusammengetragen und nach einem einheitlichen Raster beschrieben. Das erleichtert den Überblick und erhöht die Einsatzmöglichkeiten. Sie können so überzeugender diskutieren, eindringlicher argumentieren und wirkungsvoller verhandeln, da Sie wissen, worauf es ankommt und wie Sie taktisch geschickt vorgehen.

Der Autor:
Dr. Dieter Portner, Studium der Psychologie und Pädagogik, arbeitet als selbstständiger Managementtrainer für Führungskräfte in großen deutschen Unternehmen. Spezialgebiete: Verhaltenstraining, Rhetorik, Diskussions- und Argumentationstechnik, Moderatorenausbildung, Fehlzeitengespräche und Präsentationstechnik.
Anschrift: Alpspitzstr. 43, D-82319 Starnberg. Tel.: 08151-739441. Fax: 08151-739442. E-Mail: coaching-consulting.dr.portner@t-online.de

Inhaltsverzeichnis

Kapitel 1
Eine kurze Einführung – die Sie lesen sollten

Immer wieder müssen Sie diskutieren

Ob Sie wollen oder nicht – immer wieder müssen Sie diskutieren: Mit Ihrem Chef über eine Gehaltserhöhung, mit Ihrem Partner über eine Meinungsverschiedenheit, mit Kollegen über die Arbeit. Möchten Sie künftig wirkungsvoller reden, diskutieren und verhandeln können? Wollen Sie überzeugender argumentieren? Ist es Ihnen wichtig, andere Menschen leichter zu überzeugen? In diesem Buch finden Sie das dafür notwendige Handwerkszeug.

Zwei Drittel Wirkung durch Technik und Taktik

Wenn Sie diskutieren, erreichen Sie oftmals zwei Drittel Ihrer Überzeugungskraft allein durch die Art und Weise, *wie* Sie argumentieren und *wie* Sie in der Diskussion vorgehen. Nur ein Drittel entfällt dann auf das inhaltliche Gewicht. Eine erfolgreiche Diskussionstechnik ist lehr- und lernbar. Auch Sie können überzeugender diskutieren, eindringlicher argumentieren und wirkungsvoller verhandeln, wenn Sie wissen, worauf es ankommt und wie Sie taktisch geschickt vorgehen.

Unnötige Fehler vermeiden

Viele Menschen übersehen die einfachsten Grundregeln der Argumentationstechnik. Sie machen deshalb unnötige Fehler oder erlauben sich überflüssige Schwachstellen, wenn sie diskutieren. Dies behindert ihre Rede- und Argumentationskraft erheblich. Ihnen wird das nicht passieren. Sie werden Diskussionsmängel vermeiden, weil Sie sie kennen. Sie werden künftig viel sensibler die Argumentationsschwächen anderer wahrnehmen. Und Sie werden sich sagen: Diese Fehler mache ich nicht!

Praktische Anwendung

Nehmen Sie sich bitte Zeit, diesen praktischen Leitfaden dort gründlich zu lesen, wo er Ihnen neue Informationen liefert, die für Sie wichtig sind. Haben Sie aber auch den Mut, jene Tipps zu überfliegen, wo Sie die entsprechenden Fertigkeiten bereits beherrschen. Machen Sie sich im Text möglichst viele Anmerkungen und Notizen: Dies fördert Ihre Behaltensfähigkeit. Und vor allem: Verwenden Sie überzeugende Empfehlungen als persönliche Vorsätze, die Sie täglich im privaten und beruflichen Bereich anwenden. Damit verbessern Sie Ihre Überzeugungs- und Diskussionskraft nachhaltig. Schon die ersten Erfolge werden Sie motivieren, weiter an Ihrer Argumentationstechnik zu arbeiten und diese zu verbessern.

Kapitel 2
Der erste Eindruck entscheidet

Es ist eine uralte Erfahrung, der erste Eindruck, die ersten Einwirkungen eines anderen Menschen auf Ihr Fühlen und Denken stellen wichtige Weichen für den späteren Diskussionsverlauf. Das wollen wir in diesem Kapitel erklären. *Erste Eindrücke sind bleibende Eindrücke*, weil sie – zumeist unbewusst – tiefe psychologische Wirkungen hinterlassen. Sie kennen das: Schon Sekunden nach der ersten Begegnung empfinden Sie einen Menschen als sympathisch oder eher unsympathisch. Dies trifft umgekehrt auch auf Sie zu, wenn Sie mit anderen diskutieren. Sie sollten deshalb viel Wert darauf legen, einen guten ersten Eindruck zu hinterlassen.

Dress for Success

Was macht nun den *positiven Ersteindruck* eines Menschen aus? Auf der Skala der Wirkungsfaktoren steht ganz weit oben ein gepflegtes Outfit. Vieles im menschlichen Erscheinungsbild hat die Natur vorgegeben: Alter, Größe, Körperbau und Gesichtsformen. Diese Dinge lassen sich nicht oder nur wenig beeinflussen. Anderes dagegen gilt für das Outfit: Kleidung, Frisur sowie Accessoires lassen sich verändern. Aus ihnen resultiert ein großer Teil des ersten Eindrucks.

Halt, werden hier die Gegner dieser These einwenden, Outfit hat nichts mit Kompetenz zu tun. Das ist richtig, das sagen wir auch. Aber noch vor Ihrer fachlichen Qualifikation prägt das Äußere Ihr Image und Ihre Wirkung. Von Ihrem *äußeren Erscheinungsbild* gehen eine Menge unbewusste Signale aus. Dies sollten Sie immer bedenken.

Aus den vorangegangenen Überlegungen folgen nun unsere wichtigsten *Empfehlungen*:

* ❖ Orientieren Sie sich in Ihrem Outfit an den Menschen, mit denen Sie diskutieren.
* ❖ Wollen Sie besonders gut wirken, ziehen Sie sich ein bisschen schicker an als Ihre Diskussionspartner.
* ❖ Vermeiden Sie aber alle modischen Übertreibungen und extravagante Accessoires (Schmuck).

Aufrecht und locker, entspannt und gelöst

Zu einem positiven äußeren Erscheinungsbild zählen neben dem Outfit immer eine aufrechte Körperhaltung und ein lockeres Auftreten. Auch aus diesen beiden Merkmalen ergeben sich wichtige *nonverbale Botschaften*, die, falls sie im Gegensatz zu verbalen Informationen stehen, immer die stärkeren sind.

Sichern Sie sich also Ihren vorteilhaften Ersteindruck durch eine aufrechte Körperhaltung mit erhobenem Kopf, gestrafftem Rücken und freundlich-offenem Blick. Wenden Sie Ihrem jeweiligen Diskussionspartner immer den Oberkörper zu. Aber rücken Sie ihm nicht zu dicht auf den »Pelz«. Wahren Sie die persönliche Distanzzone, die bei Außenstehenden mindestens einen Meter betragen sollte. Fassen Sie andere Menschen grundsätzlich nicht an, ausgenommen davon sind Angehörige und Freunde. Ein joviales »Auf-die-Schulter-Klopfen« oder ein vertrauliches »Hand-auf-den-Arm-Legen« mögen noch so freundlich gemeint sein – Sie sollten es besser lassen. Auf diesem Weg sind schon manche Missverständnisse entstanden.

Bewegen Sie sich *locker und unverkrampft*. Steife Bewegungen sind ebenso unangepasst wie übertriebene Förmlichkeiten oder euphorische Umarmungen. Mit natürlicher Lockerheit meinen wir allerdings nicht jene übertriebenen Lässigkeiten, die in die Bereiche Unhöflichkeit oder Flegel-Manieren reichen. Übrigens: Zum vorteilhaften Ersteindruck über eine positive Körpersprache gehört für uns unbedingt ein *fester Händedruck*. Wenn Sie die Hand Ihrer Gesprächspartner ergreifen, sollte sich das nicht lasch und feucht wie ein Waschlappen anfühlen. Sie dürfen das aber auch nicht mit den stählernen Kräften eines Schraubstocks tun, was besonders für fitnessgestählte Männer gilt.

Schenken Sie Ihrem Diskussionspartner ein Lächeln

»Wenn du nicht lächeln kannst, eröffne keinen Laden« heißt ein chinesisches Sprichwort. Wir wollen es etwas verändern und stellen fest: *Wenn du nicht lächeln kannst, hast du bei Diskussionen wenig Freunde.*

Bemühen Sie sich um ein Lächeln von innen heraus. Wer nur grimassenhaft lächelt, wird von seinen Diskussionspartnern schnell als unaufrichtig wahrgenommen. Natürlich muss das *freundliche Gesicht* zu den Inhalten passen, die Sie gerade diskutieren. Meistens passt es aber hervorragend. Überlegen Sie, ob Sie mehr lächeln sollten. Das ist so leicht und wirkt so sympathisch. Trotzdem begegnen Sie immer wieder Menschen, die können einfach nicht lächeln.

Manchmal empfehlen wir solchen Zeitgenossen die »mimische Spiegeltherapie«. Wir sagen: Sie schauen doch jeden Morgen in den Spiegel. Dabei lächeln Sie sich etwa eine Minute lang an.

Unsere *Garantie:* Spätestens nach drei Monaten wandern Ihre Mundwinkel nach oben. Lächeln ist ein bewährtes soziales Schmiermittel. Wer lächeln kann, wirkt freundlich, verbindlich und sympathisch. Weltweit ist das so. Deshalb: Lächeln Sie zu Ihren Diskussionsbeiträgen, wo immer das paßt. Ausgenommen bleiben allein solche Situationen, die einem Lächeln eindeutig entgegenstehen.

Sprechen Sie Ihre Diskussionspartner namentlich an

Gehören Sie zu jenen Menschen, die ihre Freunde, Bekannten und Kollegen öfter mal namentlich anreden? Dann überspringen Sie diesen Abschnitt. Für die anderen lautet unser Tipp: *Lassen Sie bei Diskussionen hin und wieder den Namen Ihrer Gesprächspartner einfließen.* Auch das zählt zu den erfolgreichen sozialen »Schmiermitteln«.

Die persönliche Anrede mit Namen gilt in allen Ländern dieser Welt als eine vertrauensbildende Maßnahme. »Nichts liebt jeder Mensch so wie seinen Namen« meint ein bekannter Kommunikationswissenschaftler. Vielleicht hat er sein Statement etwas überzeichnet, doch die Grundaussage stimmt. Aber auch hier sollten Sie nicht übertreiben. Wenn Sie den Namen Ihres Diskussionspartners in jedem zweiten Satz einbauen, wird dieser das als albern und gekünstelt wahrnehmen.

Und noch ein Argument, wie wirkungsvoll namentliche Anreden sind. Es gibt ein fieses rhetorisches Kampfmittel. Das wird manchmal in politischen Diskussionen eingesetzt und nervt den Betroffenen ungemein. Der Anwender verdreht den Namen seines Gegenübers trotz besseren Wissens und setzt ihn immer wieder bewusst falsch ein, obwohl dieser den Fehler wiederholt richtig gestellt hat.

Sprechen Sie mit Ihren Augen

Noch etwas ganz wichtiges. Halten Sie in der Diskussion, besonders wenn Sie selbst sprechen, eine intensive, aber *lockere Blickverbindung* zu allen Beteiligten. Fehlender Blickkontakt gilt als desinteressiert oder unsicher. Können Sie sich vorstellen, dass ein auf Sie einredender Mensch bei Ihnen Resonanz erzielen könnte, ohne Sie dabei anzuschauen? Würden Sie gerne mit einer Maske kommunizieren? Ihr »NEIN« unterstreicht die Wichtigkeit des Blickkontakts. »Sprechen« Sie mit den Augen.

Lassen Sie Ihre Augen sagen: »So ist es. Ich sage euch die Wahrheit«. *Binden* Sie die Adressaten Ihrer Worten *mit Blicken* an sich. So erhalten Sie deren Aufmerksamkeit und bekommen wichtige *Rückmeldungen*, wie Ihre Argumentation ankommt. Lassen Sie Ihren Blick unter allen Diskussionsbeteiligten wandern, unregelmäßig und langsam, aber intensiv. Ein flüchtiges Darüberhuschen reicht nicht aus.

Sorgen Sie für Harmonie in Ihrer Artikulation und Modulation

Und schließlich zur *Sprache*. Schon Ihre ersten Worte entscheiden, wie Sie von den Diskussionspartnern unbewusst eingeschätzt werden. Wenn dieser Ersteindruck ein positives Bild ergeben soll, müssen Ihre Artikulation und Modulation stimmig sein. Klar artikuliert, wer keine Silben verschluckt, wer deutlich, fest und ruhig redet, nicht zu laut und nicht zu leise. Moduliert sprechen ist das Gegenteil von monotoner Sprache. Sie erzielen eine *gute Modulation*, wenn Sie in Ihre Stimme Abwechslung bringen. Dazu gibt es drei Möglichkeiten. Verändern Sie die

❖ Lautstärke (Wechsel von laut und leise);
❖ Geschwindigkeit (Wechsel von schnell und langsam);
❖ Stimmhöhe (Wechsel von hoch und tief).

Bilden Sie *kurze Sätze*. Vermeiden Sie unbekannte Fremdwörter. Konstruieren Sie keine Schachtel- und Bandwurmsätze. Warum? Weil kurze Sätze besser verstanden werden. Sonst machen Sie sich selbst Konkurrenz. Sobald Ihre Zuhörer anfangen, über einen komplizierten Satz nachzudenken, hören sie Ihnen nicht mehr zu.

Kapitel 3
Die zehn besten Regeln für Ihren Argumentationserfolg

❶ **Bereiten Sie sich gründlich vor und bestimmen Sie Ihr persönliches Diskussionsziel!**
  – Sammeln Sie möglichst viele Pro-Beweise, aber ebenfalls die Contra-Argumente zu Ihrer Position.
  – Machen Sie sich mit den verschiedenen Argumentations-Techniken vertraut.
  – Beschaffen Sie sich schriftliche Unterlagen, die Ihre Ansicht untermauern.
  – Informieren Sie sich über Ihre Dialogpartner (Persönlichkeit, Motive und Kompetenz).
  – Legen Sie sich fest: Was will ich in der anstehenden Diskussion erreichen?
❷ **Nutzen Sie die Wirkung des »ersten Eindrucks«!**
  – Nehmen Sie eine aufrechte Körperhaltung ein, ziehen Sie Blicke auf sich.
  – Machen Sie ein freundliches Gesicht, das schafft Sympathie und bildet Vertrauen – lächeln Sie!
  – Sprechen Sie mit den Augen – binden Sie Ihre Gesprächspartner an sich.
  – Tragen Sie die richtige Kleidung (der Situation angemessen) und achten Sie auf ein gepflegtes äußeres Erscheinungsbild.
  – Sprechen Sie Ihre Diskussionspartner ganz gezielt namentlich an.
❸ **Diskutieren Sie so engagiert wie möglich!**
  – Legen Sie Ihre Taktik fest: Offensive oder defensive Argumentation (Offensivtaktik ist immer besser).
  – Wenn »in Ihnen brennt«, was Sie in anderen »entzünden« wollen, haben Sie die besten Voraussetzungen für einen großen Erfolg.

– Mit Engagement, Dynamik und Schwung können Sie andere Schwachstellen leicht ausgleichen. Und falls Sie zu den stillen, ruhigen Menschen gehören: Schlüpfen Sie aus Ihrer Haut, geben Sie sich temperamentvoll!

❹ **Argumentieren Sie anschaulich und eindrucksvoll!**
– Stellen Sie sich auf Ihre Gesprächspartner bzw. Zuhörer ein.
– Arbeiten Sie mit bildhaften Aussagen und Vergleichen.
– Bringen Sie überzeugende Beispiele, Zitate und Anekdoten.
– Sprechen Sie Gefühle an, »emotionalisieren« Sie!
– Betonen Sie Gemeinsamkeiten.
– Setzen Sie (wenn möglich) Anschauungsmaterialien ein.
– Fassen Sie sich kurz: Die Reihung von Beispielen oder Vergleichen wirkt meistens schwächer als ein starkes Argument.
– Wenn Sie mehrere Beispiele bringen: das stärkste an den Schluss, das zweitbeste zu Beginn (»Genscher-Methode«).

❺ **Achten Sie auf starke Inhalte und logische Zusammenhänge!**
– Bleiben Sie inhaltlich am »roten Faden«, verlieren Sie sich nicht in Nebengebiete.
– Stopfen Sie nicht alle Argumente in Ihre erste Meinungsäußerung – behalten Sie Reserven, d.h.: »Pfeile im Köcher«.
– Nutzen Sie den »dramaturgischen Spannungsbogen«: Der erste Eindruck entscheidet, der letzte bleibt.
– Argumentieren Sie logisch und gut strukturiert: Ein Diskussionsbeitrag – maximal zwei bis drei Gedanken.
– Fordern Sie in dienstlichen Diskussionen, dass wichtige Ergebnisse schriftlich festgehalten werden.

❻ **Ihre Körpersprache muss in Einklang mit Ihrem Diskussionsverhalten stehen!**
– Lehnen Sie sich leicht nach vorne, wenn Sie Interesse bekunden möchten (und umgekehrt).
– Bleiben Sie ruhig und gelassen mit deutlicher (aber leichter) Anspannung, wenn Sie sich engagieren.
– Halten Sie Blickverbindung zu Ihren Gesprächspartnern – nehmen Sie den Augenkontakt zurück, wo Sie Nicht-Einverständnis signalisieren möchten.
– Zeigen Sie auch nonverbal Zuwendung oder Ablehnung.
– Unterstützen Sie Ihre Aussagen durch geeignete Gesten.

❼ Ihre Strategie: Möglichst schlagfertig und flexibel reagieren!
- Entlarven Sie »Killerphrasen«.
- Versuchen Sie ohne »Schrecksekunde« schnell und unerwartet zu reagieren.
- Schaffen Sie sich einen Vorrat wirkungsvoller Entgegnungsmöglichkeiten.
- Zeigen Sie mentale Beweglichkeit: Ihr Reaktionsspektrum sollte von voller Zustimmung über lockere Kompromissbereitschaft bis zur bewussten Standfestigkeit reichen.
- Vergrößern Sie Ihren Wortschatz – lesen Sie viel.

❽ Zeigen Sie, dass Sie aktiv zuhören können!
Beachten Sie die »Sieben Gebote des guten Zuhörens« (siehe Kapitel 13, Seite 107 ff.).

❾ Bleiben Sie schön locker!
- Lockeres Auftreten ist immer gut – verkrampfte Leute haben meistens schlechtere Karten: »Bleiben Sie ruhiger und gelassener als die Aufgeregten, aber seien Sie engagierter als die Interesselosen« (R. Lay).
- Locker und unverkrampft bedeutet nicht lässig und leger!
- Lassen Sie sich nicht provozieren: Kampfdialektik und übertriebene Aggressivität zahlen sich selten aus.
- Ihre Diskussionspartner können zwar »Gegner auf Zeit« sein – Sie sollten sie jedoch nie als »Feinde« betrachten.

❿ Verständigen Sie sich auf einen Diskussionsleiter!
Bestehen Sie bei größeren oder offiziellen Diskussionen auf einem Moderator. Der Konsens aller Beteiligten, einen neutralen Diskussionsleiter einzusetzen, der die Spielregeln einer fairen Diskussion überwacht, verbessert deren Sachlichkeit, Qualität und Zielstrebigkeit erheblich. Nutzlose Sackgassen, überflüssige Reibungsverluste, ermüdende Monologe, Abweichungen und Zeitvergeudung werden dadurch vermieden.

Kapitel 4
Ihre Strategie: Friedensdialektik
oder Kampfdialektik?

Ein überzeugendes Beispiel aus der Praxis:
Orientalische Geschichten

Von Klaus Podak

Hamburg, 18. September – Es begann mit einem Tumult. Am 13. März trafen in Dagobert Lindlaus lauter Fernseh-Talkshow Veranda die – als solche werden sie verehrt –»Nahostexperten« Gerhard Konzelmann und Peter Scholl-Latour mit einem Tübinger Orientalistik-Professor zusammen. Dieser, Heinz Halm sein Name, hatte einen Monat zuvor in der SZ an der Sage vom durchgängigen Expertentum der beiden Medienfürsten zu kritteln gewagt. Zu einem der Werke Konzelmanns meinte er gar:»... sein Buch ›Die großen Kalifen‹ (1977) besteht zum größten Teil aus historisch wertlosem Anekdotenmüll.« Ein »Geschichtsbild von gefährlicher Simplizität« warf der besonnene Fachmann dem agilen Konzelmann vor, beide Spezialisten bezichtigte er der Panikmache.
Klar, dass die beiden Großverdiener dies gar nicht gerne lasen. Konnte es sich doch geschäftsschädigend auf den Absatz ihrer zahlreichen Bestseller auswirken. Auch bei manch weiteren Fernsehauftritten hätte das von Halm angekratzte Image unangenehme Fragen provozieren können. Nun aber schlug auf der Veranda die Stunde der Abrechnung. Eigentlich hätten die Vorwürfe sachlich diskutiert und geklärt werden sollen. Aber dazu kam es nicht. *Atemberaubend war es mit anzusehen, wie der unerfahrene Professor aus Tübingen mit den Mitteln medienerprobten Verbal-Kampfsports niedergemacht wurde* – kaum einen Halbsatz konnte er hervorbringen, ohne lautstark unterbrochen zu werden. Gastgeber Lindlau sekundierte den Kollegen. Zu einer Klärung kam es nicht. *Geknickt zog der Akademiker vom Schlachtfeld.*

(Süddeutsche Zeitung vom 19.09.1991, Seite 3)

Dialektik

Das Wort »Dialektik« kommt vom griechischen »dialegein« = sich unterreden. Dialektik ist die Kunst der (wissenschaftlichen) Gesprächsführung, die Fähigkeit zu diskutieren und dabei durch In-Beziehung-Setzen von gegensätzlichen (widersprüchlichen) Aussagen – zum Beispiel zwischen Theorie und Praxis – zu höheren (qualitativ besseren) Erkenntnissen zu gelangen.

Ruppert Lay, Jesuit, Frankfurter Professor und prominenter Rhetorik-Trainer, gliedert die Kunst der Dialektik (»ars dialectica«) in seinem Buch »Dialektik für Manager« in zwei grundsätzliche Bereiche (Lay 1995, Seite 37):

Friedens-Dialektik

Die Ziele der Friedens-Dialektik sind der Konsens, der Kompromiss, die Problemlösung. Dazu werden ausschließlich faire Mittel eingesetzt. Am wichtigsten ist allen das gemeinsame Sachziel sowie ein »vernünftiger« Gesprächsverlauf. Ganz oben steht das Bemühen, miteinander partnerschaftlich umzugehen. Falls es zu keiner Verständigung oder Problemlösung kommt, bleiben die verschiedenen Standpunkte gleichberechtigt nebeneinander bestehen (friedliche Koexistenz). Die Friedens-Dialektik kennt nur Gewinner.

Kampf-Dialektik

Hier geht es darum, die eigene Position oder das eigene Anliegen um jeden Preis durchzusetzen und dem Diskussionsgegner eine rhetorische Niederlage zu bereiten. Dabei ist (fast) jedes Mittel recht – auch unfaire Angriffe oder aggressive Abwehrmaßnahmen. Strategische Härte und taktische Winkelzüge werden so eingesetzt, dass der Gegner mit Worten »erledigt« wird. Bei der Kampf-Dialektik gibt es Sieger – und Verlierer, die Feinde werden.

Natürlich werden diese beiden Grundformen der Diskussionstechnik in Ihrer persönlichen und beruflichen Praxis derart »reinrassig« nicht vorkommen. Die Friedens-Dialektik wird dominieren, gelegentlich kann es Mischformen geben, ganz selten Erscheinungen der Kampf-Dialektik. Und trotzdem sollten Sie die Strategie der Kampf-Dialektik kennen, denn nur dann wissen Sie, wie Sie ihr begegnen können.

Offensive und defensive Argumentation

Wir bieten Ihnen aber auch eine Alternative, eine »sanftere« Differenzierung für Ihre Diskussionsstrategie an, nämlich die *offensive* und die *defensive* Vorgehensweise:

Offensive Argumentation

Die Merkmale des offensiven Argumentationsverhaltens sind Freude am Engagement, an der Übernahme von Führung und Lust am angreifenden Vorgehen. Wer offensiv diskutiert, versucht, so oft es geht, die Initiative zu übernehmen. Offensive Diskutanten fragen mit Eifer, behaupten mit Überzeugung und »brennen« vor Leidenschaft.

Defensive Argumentation

Die Merkmale des defensiven Argumentationsverhaltens sind Abwehr und Verteidigung. Defensive Diskutanten warten ab, bis sie angesprochen oder angegriffen werden. Erst dann setzt eigene Aktivität ein. Von sich aus ergreifen defensive Dialogpartner nie oder nur selten die Initiative.

Ich bin davon überzeugt, dass sich Ihr Vorschlag als undurchführbar erweisen wird!

Defensiv   Offensiv

Wir empfehlen Ihnen, in Ihrem Diskussionsverhalten der *offensiven Argumentationsstrategie* viel Raum einzuräumen, weil diese deutlich besser geeignet ist, Ihre Ziele durchzusetzen. Auch in der Auswirkung ist sie die stärkere Strategie. Wer offensiv argumentiert, wirkt vital und dynamisch. Er wird immer erfolgreicher sein als rein defensive Dialogpartner. Offensiv vorgehende Diskutanten können das Diskussionsgeschehen fast immer zu ihren Gunsten beeinflussen – wenn sie nicht übertreiben. Sie überzeugen nicht nur durch Power, Engagement und Dynamik – sie wirken auch auf Dritte wesentlich glaubwürdiger und authentischer.

Kapitel 5
Sechsunddreißig Diskussionstechniken und Argumentationsmethoden

In einer in der Fachliteratur erstmalig vorliegenden Gesamtdarstellung haben wir in diesem Kapitel *sechsunddreißig Diskussionstechniken und Argumentationsmethoden* zusammengetragen und nach einheitlichem Raster beschrieben. Ob und wie Sie diese in Ihrer beruflichen oder privaten Praxis bei Gesprächen, Debatten, Diskussionen oder Verhandlungen anwenden, hängt von Ihrer Entscheidung und den Bedingungen der jeweiligen Situation ab.

Schwierige Differenzierung

Viele der hier systematisch dargestellten Diskussionstechniken eignen sich nur für die Strategie der Kampfdialektik. Wollen Sie dagegen ein faires Gespräch, eine sachliche Debatte, ein friedliches Auseinandersetzen der verschiedenen Positionen, dann sollten Sie beispielsweise auf die »Altlasten-Technik«, die »Nebelkerzen-Technik« oder die »Unterbrechungs-Technik« verzichten und nur Formen der Friedensdialektik einsetzen.

Es ist aber trotzdem sehr wichtig, dass Sie auch die *unfairen Methoden* kennen lernen, um

❖ sich nicht vor ihnen fürchten zu müssen,
❖ die eigenen Gefühle unter Kontrolle behalten sowie
❖ schlagfertig und wirkungsvoll auf diese reagieren zu können.

Bei dem Versuch, die bekanntesten Argumentationsmethoden zusammenzutragen und systematisch zu ordnen, wollten wir zunächst nach »fairen« und »unfairen« Techniken oder nach »positiven« und »negativen« Methoden unterscheiden. Dieser Versuch scheiterte, weil es nur ganz wenige reinrassig »gute« und »schlechte« Techniken als solche gibt. Die meisten Methoden können Sie so oder so einsetzen. Zudem lässt sich auch in der Diskussionspraxis meistens nicht eindeutig unterscheiden, wann und wie weit eine Methode der Schwächung der gegnerischen Position beziehungsweise der Stärkung der eigenen Argumentation dient.

Alphabetische Reihenfolge – einheitliches Raster

Deshalb haben wir uns entschieden, die wichtigsten Diskussionsmethoden in alphabetischer Reihenfolge nach einem einheitlichen Raster darzustellen: Jede Technik (oder Methode) wird beschrieben, bewertet und durch Beispiele erläutert. Dazu nennen wir ähnliche oder verwandte Begriffe (Synonyme) und machen Vorschläge für die besten Reaktions- und Abwehrmöglichkeiten.

Diskussions- und Argumentationsmethoden von A-Z

Erklärung der Piktogramme

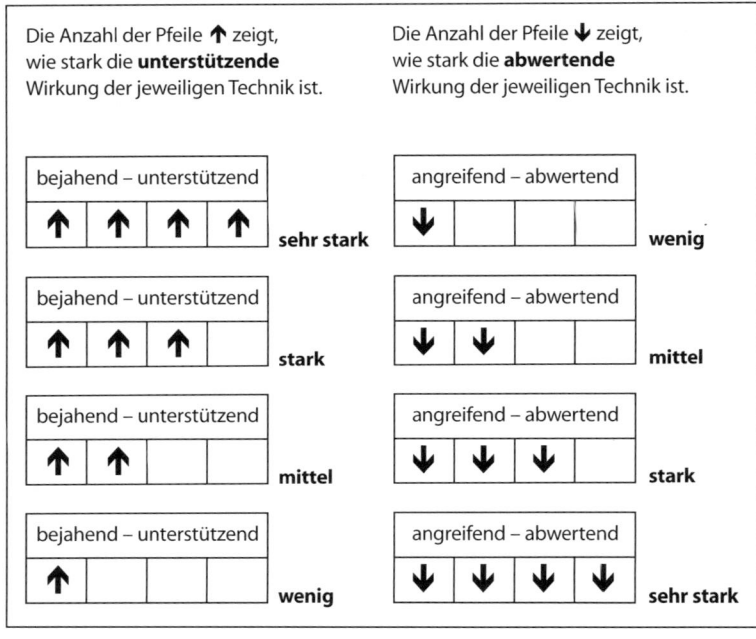

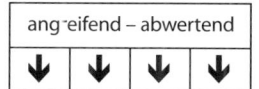

Ad-personam-Technik

Anstatt sachlich zu argumentieren, wird der Diskussionspartner persönlich angegriffen, abgewertet, beleidigt oder diffamiert.

Beispiele »*Glauben Sie Spaßvogel denn im Ernst ...*«
»*Bei Ihrem geistigen Niveau können wir wohl kaum mehr erwarten ...*«
»*Ich bezweifle, ob Sie das in Ihrem fortgeschrittenen Alter noch beurteilen können ...*«
»*So einem Jungdynamiker wie Ihnen fehlt doch hier jede Erfahrung ...*«.

Synonyme Verunglimpfungsmethode. Argumentum ad personam.

Bewertung Eine der übelsten dialektischen Methoden. Nicht empfehlenswert!

Abwehr Gelassen bleiben! Auf keinen Fall mit gleichen Mitteln zurückschlagen. In der Antwort das unfaire Vorgehen des Diskussionspartners entlarven. »Beleidigungen sind Argumente derer, die unrecht haben« (Rousseau).

Altlasten-Technik

angreifend – abwertend
↓ ↓ ↓

Eine (weit) zurückliegende Auffassung, ein Fehlverhalten oder eine Schwäche des Diskussionspartners werden herangezogen und mit seiner aktuellen Position (These) verknüpft, um diese zu diskreditieren.

Beispiele »*Sie mussten doch erst vorhin zugeben* ...«
»*Vor einem Jahr haben Sie an dieser Stelle genau das Gegenteil gesagt* ...«
»*Damals mit dem Projekt ... sind Sie doch auch gescheitert* ...«

Synonyme »Schnee-von-gestern«-Technik.

Bewertung Recht unfaire Methode, ein bisschen bösartig und hinterlistig.

Abwehr Fehler einräumen, entgegnen: »*Wollen Sie mir verwehren, hinzuzulernen?*« (Bekenntnis zur eigenen Lernfähigkeit). Hinweis, dass sich die Bedingungen durch neue Erkenntnisse verändert haben.

bejahend – unterstützend			
↑			

Aufwertungs-Technik

Dem Diskussionspartner wird bewusst geschmeichelt. Er wird zunächst persönlich aufgewertet, seine Aussagen oder Positionen werden dann jedoch in Zweifel gezogen.

Beispiele »*Sie sind ein ausgezeichneter Kenner der Materie. Bei Ihrer fachlichen Qualifikation sollten Sie aber bedenken ...*«
»*Ihr Wort als Experte wiegt schwer. In einem Punkt kann ich Ihnen leider nicht zustimmen ...*«

Synonyme Schmeichel-Methode.

Bewertung Sehr verbreitete Diskussionsmethode, verhältnismäßig harmlos.

Reaktion Kompliment überhören und sich auf die zweite Argumentationshälfte konzentrieren.

Abwehr Nicht notwendig.

angreifend – abwertend			
↓	↓		

Ausweich-Technik

Dem Diskussionspartner wird ohne Unterbrechung zugehört und damit ein »Scheininteresse« vorgetäuscht. Nachdem dieser seine Argumentation beendet hat, weicht der andere jedoch auf ein Nebengebiet aus. Diese Taktik wird gerne von Personen eingesetzt, die über viel Macht und Einfluss verfügen.

Beispiele »*Ihre Verbesserungsvorschläge, die hier auf dem Tisch liegen, sind zweifellos durchdacht. Wir sollten sie aber heute nicht diskutieren, sondern vielmehr überlegen, ob …*«
»*Interessant, wie Sie Ihr Konzept begründen. Das klingt recht überzeugend. Lassen Sie uns zuvor zunächst einmal einen anderen Gesichtspunkt betrachten …*«

Synonyme Ausschlusstaktik. Tabuisierungstechnik. Vergleiche dazu auch die Leerlauf-Technik.

Bewertung Häufig anzutreffendes Diskussionsverhalten, das nur selten zu Widerspruch und Reklamationen führt.

Abwehr Rückkehr zum eigentlichen Thema fordern; die Abweichung aufzeigen.

angreifend – abwertend			
↓	↓		

Bumerang-Technik

Ein Argument des Diskussionspartners wird an diesen zurückgegeben, dabei gleichzeitig in Frage gestellt oder es werden Zusatzbegründungen verlangt.

Beispiele »Sind Sie wirklich davon überzeugt, dass …?«
»Ihrer Aussage … könnte ich fast zustimmen, wenn Sie zum Aspekt … noch ein paar Argumente hätten!«
»Ich kann Ihre Forderung nach einem Qualitätssicherungssystem so nicht akzeptieren. Erklären Sie uns doch noch einmal …«

Synonyme »Retourkutschen«-Methode. Rückgabetechnik.

Bewertung Ohne besondere Stärke und Wirkung.

Abwehr Wachsam bleiben und die Rückgabe-Gelegenheit nutzen, um den eigenen Standpunkt erneut zu untermauern. In diesem Zusammenhang an den Diskussionspartner appellieren, nun endlich mal auf das Kernargument einzugehen.

Demonstrations-Technik

bejahend – unterstützend
⬆ | ⬆ | ⬆ | ⬆

Die Argumentation wird durch ein anschauliches Beispiel, ein Gleichnis, eine Metapher oder ein Demonstrations-Objekt (Foto, Zeitschrift, Skizze, Grafik) untermauert und damit verstärkt.

Beispiele »*Von dieser Menge Reis (eine gefüllte Tasse zeigen) muss ein indischer Landarbeiter einen ganzen Tag leben ...*«
»*Schauen Sie sich das Foto an: Deutsche Soldaten müssen täglich im Kosovo ethnische Konflikte schlichten.*«

Synonyme Veranschaulichungsmethode.

Bewertung Diese Methode zählt zu den wirkungsvollsten: Bilder werden leichter verstanden und dauerhafter gespeichert als abstrakte Informationen. Sehr empfehlenswert!

Abwehr Eine Abwehr gestaltet sich schwierig. Sie sollten versuchen, die Demonstration zu isolieren und als Einzelbeispiel hinzustellen, das nicht verallgemeinert werden kann.

Entwaffnungs-Technik

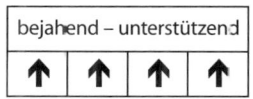

Dem Diskussionspartner, der eine (offensichtlich zutreffende) Kritik, Reklamation oder Argumentation vorträgt, wird durch eigene Eingeständnisse (Zugeständnisse)»der Wind aus den Segeln« genommen.

Beispiele　*»Vielen Dank für Ihre kritischen Hinweise ...«*
»Ich erkenne Ihre Beschwerde an.«
»Wie gut, dass Sie uns auf dieses Problem aufmerksam gemacht haben.«
»Sie haben ja Recht, lieber Herr Kollege, ...«

Synonyme　Dankeschön-Methode. Zugeständnis-Taktik.

Bewertung　Schon in der Antike bekannte Argumentationsmethode. Sehr empfehlenswerte Taktik, weil eine unerwartete Zustimmung zu der vorgetragenen Beweisführung oder das Eingestehen eigener Unzulänglichkeiten den Diskussionspartner in der Praxis erstaunlich oft überrascht. Er ist dann manchmal so verblüfft, dass ihm buchstäblich »die Sprache wegbleibt«.

Abwehr　Ziemlich schwierig, fast unmöglich.

Fremdwörter-Technik

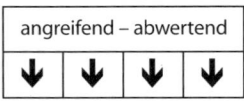

angreifend – abwertend

Durch die gehäufte Verwendung unbekannter Fremdwörter soll der Eindruck eines hohen fachlichen Niveaus und eigener Kompetenz suggeriert werden.

Beispiele *»Auf dem ISO-Layer 7 müssen die Interaktionen der Applikationsmodule durch performantere Aktionen die User-Response berücksichtigen.«*
»Programmimplementationen relativieren stringente Zielkategorien.«

Synonyme Sprachmonster-Methode.

Bewertung Häufiger Versuch, der eigenen Position eine wissenschaftliche Ausrichtung zu verleihen.

Abwehr Übersetzung in Umgangssprache verlangen: *»Wenn Sie ein Fachmann sind, sollten Sie das allgemein verständlich formulieren.«*

»Gerade-deshalb«-Technik

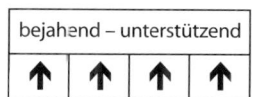

bejahend – unterstützend

Eine Aussage des Diskussionspartners wird umgedreht oder bestätigt und verlängert. Dies wird als Brücke für die eigene These verwendet.

Beispiele »Sie fordern mehr Pünktlichkeit. Gerade deshalb sollten auch Sie rechtzeitig zu unseren Besprechungen erscheinen.«
»Sehen Sie, Sie wissen das viel besser als ich, deshalb …«
»Ihre Forderung spricht mir aus der Seele. Ich bin schon lange dafür, dass …«

Synonyme Überraschungs-Methode. Wende-Technik.

Bewertung Eine elegante, wirkungsvolle Technik. Empfehlenswert!

Abwehr Den Verlängerungsteil ignorieren, den ersten Teil als eigene Leitansicht ausbauen. Die Chance nutzen, um mit dieser Taktik von der Basis gemeinsamer Übereinstimmung weitere Beweisführungen vorzunehmen.

Ironie-Technik

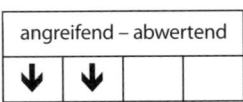

Ironie ist ein hinter Sachlichkeit versteckter Spott. Sie drückt meistens das Gegenteil von dem aus, was gemeint ist, lässt aber die wirkliche Meinung durchscheinen.

Beispiele »*Man kann sich mit einem Brunnenfrosch nicht über den Atlantik unterhalten.*«
»*Die Musikindustrie stellt heute perfekte Mittel bereit, um aus der jungen Generation ein Volk von Schwerhörigen zu machen.*«
»*Wem haben wir derartige Zustände in unserem Land zu verdanken – doch nur den Politikern in Berlin.*«

Synonyme Spottmethode.

Bewertung Diese Technik kann sehr wirkungsvoll sein, bei übertriebenem Einsatz aber auch zunehmende Aggressivität hervorrufen.

Abwehr Äußerst schwierig, nur durch viel Gelassenheit und Schlagfertigkeit möglich.

»Ja-Aber«-Technik

bejahend – unterstützend			
↑	↑		

Dem Diskussionspartner wird zunächst grundsätzliche Zustimmung signalisiert. Nach dem Wendewort (aber, allerdings, jedoch) wird dann die eigene (abweichende) Auffassung vertreten oder die Lückenhaftigkeit der gegnerischen Position aufgedeckt.

Beispiele »Was Sie da vorbringen, mag richtig sein, jedoch ...«
»Sie haben vollkommen recht, aber ...«
»Ich kann Sie sehr gut verstehen, allerdings ...«
»Gewiss ist das zutreffend, jedoch ...«

Synonyme Zwar-Aber-Technik. Kehrseiten-Methode.

Bewertung Eine sehr verbreitete Diskussionsmethode, friedlich und harmlos, jedoch abgenutzt.

Abwehr In der Erwiderung nur auf den Konsens eingehen und die Abweichung ignorieren.

»Ja-Straßen«-Technik

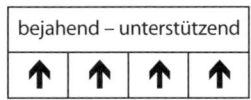

bejahend – unterstützend

Der Diskussionspartner wird durch geschicktes Fragen zu einer Reihe von »Ja«-Antworten gezwungen, an deren Ende die entscheidende Kernfrage steht, die er im Sog der Ja-Antworten ebenfalls bejahen soll.

Beispiele *»Ist unsere Firma ein führender deutscher Großbetrieb?« (JA)*
»Engagiert sich das Unternehmen auch im gesellschaftspolitischen Bereich?« (JA)
»Sollte sich unser Konzern auch um den Umweltschutz kümmern?« (JA)
»Müssten wir in unserer Abteilung dann nicht mehr dafür tun?« (JA)

Synonyme Yes-Response-Line. Ketten-Taktik.

Bewertung Ausgezeichnete Methode der Argumentationstechnik. Sehr empfehlenswert!

Abwehr Wachsam bleiben, die Absicht des Anwenders rechtzeitig erkennen. Ein einziges NEIN unterbricht die Kette.

bejahend – unterstützend			
↑	↑	↑	↑

Kompromiss-Technik

Bei harten Meinungsverschiedenheiten, Dissonanzen, Rivalitäten oder unnachgiebigen Positionen bleibt der Kompromiss (Vergleich) oft als einzige Lösung und bestmöglicher Ausweg: Die Diskussionspartner treffen sich »in der Mitte«.

Beispiele »*Wir kommen so nicht weiter, wir müssen alle Zugeständnisse machen.*«
»*Mir scheint, wir treffen uns in einem Punkt …*«
»*Unsere Standpunkte sind jetzt klar – wo finden wir Gemeinsamkeiten?*«

Synonyme Ausgleichs-Methode. Mittelweg-Technik.

Bewertung Bewährte Form zum Ausgleich unterschiedlicher Standpunkte. Es gibt zwar keinen Gewinner, aber auch keinen Verlierer. Sehr empfehlenswert!

Abwehr Entfällt.

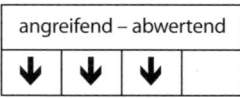

Leerlauf-Technik

Die Argumentation des Diskussionspartners findet kein Echo und keine Reaktion. Seine Forderungen und Thesen »verlaufen im Sande«. Wo immer er inhaltlich ansetzt, es kommt nichts entsprechendes zurück.

Beispiele »*Wir brauchen gar nicht zu diskutieren, ob wir diesen Einwand berücksichtigen oder nicht. Viel wichtiger ist vielmehr ...*«
»*Das ist ja O.K., was Sie gesagt haben. Aber betrachten wir doch mal ein anderes Problem ...*«

Synonyme Ausweich-Technik. Tabuisierungstaktik.

Bewertung Wenig empfehlenswert, weil sich der Diskussionspartner nicht ernst genommen fühlt. Dies kann ihn zudem aggressiv machen.

Abwehr Den Diskussionspartner gezielt fragen, warum er zur Sache nichts zu sagen hat. Ihn auffordern, dies nachzuholen und sein Ausweichmanöver als solches deutlich machen.

angreifend – abwertend

| ↓ | ↓ | ↓ | |

»Nebelkerzen«-Technik

Durch undurchsichtige Gegenfragen oder Interpretationen, durch komplizierte Verknüpfungen oder Verdrehungen werden die Anliegen des Diskussionspartners so entstellt und verschleiert wiederholt, dass sie quasi »im Nebel« verschwinden.

Beispiele »*Die Wissenschaft konnte noch nie den Nachweis führen, dass Horoskope nicht zutreffen. Daraus schließen wir, Horoskope sind richtig und wichtig.*«
»*Wenn Sie die Voraussetzungen, die Sie in Ihrem ersten Grundaxiom unterlegt haben, umgekehrt proportional verstehen, folgt daraus schlussendlich ...*«

Synonyme Verschleierungs-Methode. Verwirrungs-Methode.

Bewertung Unseriös. Nicht empfehlenswert.

Abwehr Absicht des Diskussionspartners entlarven, klare Fakten verlangen. In der Gesprächssituation darauf achten, ob mit dieser Taktik bewusst oder unbewusst Ablenkungsmanöver gestartet werden.

angreifend – abwertend			
↓	↓	↓	

»Nein«-Technik

Die Technik der direkten Verneinung bedeutet eine klare Ablehnung (Zurückweisung) der Argumentation mit der Gefahr der Verhärtung des Diskussionsklimas. Manchmal ist sie aber unumgänglich zur gründlichen Klärung eines Sachverhalts.

Beispiele »Nein, das stimmt so nicht ...«
»Das ist völlig falsch!«
»So können wir das nicht stehen lassen.«
»Ich widerspreche da ganz entschieden ...«

Synonyme Technik der direkten Ablehnung. Nein-Taktik. Widerspruchsmethode.

Bewertung Diese Methode kann verletzend wirken, wenn sie schroff vorgebracht wird. Mildere Ablehnungsformen bevorzugen!

Abwehr Nicht möglich.

Objektivierungs-Technik

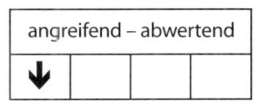

Hier wird vermieden, den Diskussionspartner (in der zweiten Person) direkt anzureden und ihn damit persönlich aufzuwerten. Stattdessen wird er in der dritten Person angesprochen.

Beispiele   *»Wenn Sie, Herr Müller, soeben forderten, dass ...«* (persönlich)
»Mein Vorredner hat gerade verlangt, dass ...« (objektiviert)
»Wir haben von ihm gerade gehört ... Dabei war seine Begründung die, dass ...«

Synonyme   Abwertungs-Methode. Abstands-Methode.

Bewertung   Versachlicht manchmal die Diskussion, macht sie aber unpersönlich; verschafft weder Freunde noch Sympathien; nicht zu empfehlen.

Abwehr   Nicht möglich.

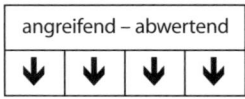

Provokations-Technik

Anstatt sachlich zu argumentieren, wird der Diskussionspartner herausgefordert und gereizt. Er soll seine Selbstkontrolle verlieren, seine Haltung und Gelassenheit und damit die Fähigkeit, rational zu argumentieren.

Beispiele »*Was Sie nicht sagen!*«
»*Das gibt es doch nicht!*«
»*Sie sollten uns keine Märchen erzählen!*«
»*Haben Sie auch etwas Gescheites zu bieten?*«
»*Sie sollten sich schämen ...*«

Synonyme Herausforderungsmethode. Brunnenvergiftungs-Taktik. Ad-personam-Technik.

Bewertung Verschärft das Diskussionsklima, deshalb nicht empfehlenswert.

Abwehr Provokation überhören oder die Taktik beim Namen nennen. Ruhig und gelassen bleiben. Fordern Sie einen sachbezogenen Dialog.

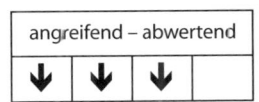

Relativierungs-Technik

Mit dem Hinweis »es kommt darauf an« lässt sich alles relativieren. Das ist ein Satz, der immer richtig ist und immer zutreffend. Juristen benutzen ihn mit Vorliebe, weil sich rechtliche Entscheidungen nicht mit naturwissenschaftlicher Beweisführung begründen lassen.

Beispiele »*Das muss man relativ betrachten.*«
»*Es kommt immer auf die jeweiligen Umstände an.*«
»*Das ist von Fall zu Fall verschieden.*«
»*Sie sollten das differenziert sehen.*«

Synonyme Verkleinerungs-Methode. Simplifizierungs-Technik.

Bewertung Funktioniert immer, für kritische Beobachter aber meistens zu plump und oberflächlich.

Abwehr Charakter der Technik entlarven und auf das Grundsätzliche zurückkommen. Prinzipien suchen und sich gegen die Relativierung wenden.

Rückfrage-Technik

angreifend – abwertend			
↓			

Der Diskussionsteilnehmer, der eine Frage (auch eine rhetorische) gestellt hat, wird gezwungen, seine Vorgehensweise aufzugeben und eine gezielte Gegenfrage zu beantworten.

Beispiele *»Weshalb fragen Sie das? Sagen Sie uns zuvor …«*
»Zeigen Sie doch erst einmal warum …«
»Ist es nicht eher möglich, dass …«
»Was Sie nicht sagen! Erklären Sie uns doch bitte zuerst …«

Synonyme Gegenfrage-Methode.

Bewertung Relativ harmlose Technik.

Abwehr Rückfrage-Taktik ignorieren, eigene Frage wiederholen und darauf hinweisen: eins-nach-dem-andern. Beharrlich auf einer Antwort bestehen.

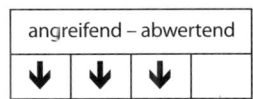

»Schnee-von-gestern«-Technik

Die Thesen und Einwände des Diskussionspartners werden als längst überholt oder bereits ausdiskutiert hingestellt. Meistens sind es Menschen mit Macht und Einfluss (Vorgesetzte), die versuchen, mit dieser Taktik für sie unpassende Vorschläge oder Begründungen »vom Tisch zu wischen« und sich damit stichhaltige Widerlegungen zu ersparen.

Beispiele	»Was Sie sagen, ist doch Schnee von gestern ...« »Dieses Thema hatten wir längst abgeschlossen.« »Da müssen Sie früher aufstehen. Wir sind schon viel weiter ...«
Synonyme	Keine.
Bewertung	Ziemlich unfaire Technik.
Abwehr	Begründen, warum die eigene Argumentation sehr wohl noch aktuell ist. Die Absicht des Anwenders entlarven, Ihre Beweisführung als nicht mehr zeitgemäß abzustempeln und sich damit der Mühe zu entziehen, auf Ihre Kerngedanken einzugehen.

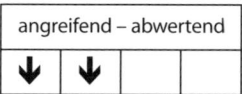

Schwachstellen-Technik

Ein falsches, ein überspitztes oder das schwächste gegnerische Einzel-Argument wird betont, herausgehoben und demonstrativ widerlegt. Damit sollen der Gesamteindruck und die Gesamtaussage des Diskussionspartners abgewertet werden.

Beispiele *»So wie Ihre Behauptung ... nachweislich unrichtig ist, so liegen Sie insgesamt falsch.«*
»Es musste doch wohl heißen ... und deshalb sollten Sie sich wirklich erst eimal sachkundig machen.«
»Sie irren mindestens in einem Punkt ...«.

Synonyme Keine.

Bewertung Gefährliche Methode, schwächt die eigene Position deutlich, wenn die Gegenreaktion misslingt.

Abwehr Überhören oder für die Richtigstellung bedanken: *»Ein kleiner Irrtum«* oder *»Ich lerne gern hinzu«* oder *»Sie haben in diesem Punkt zwar recht, dies beweist aber nie die Richtigkeit Ihrer gesamten Argumention«.*

Suggestiv-Technik

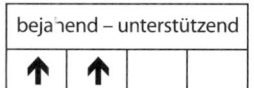

Hier wird dem Diskussionsparter die erwünschte Antwort bereits mit der Fragestellung »untergeschoben« (suggestiv = beeinflussend).

Beispiele   »*Diese Beweisführung müssen Sie wohl anerkennen!*«
»*Sie sind doch auch mit mir der Meinng, dass ...*«
»*Das ist für Sie genau das richtige System ...*«
»*Sie wissen so gut wie ich ...*«
»*Ich glaube, niemand mit gesundem Menschenverstand wird mir widersprechen, wenn ich behaupte ...*«

Synonyme   Keine.

Bewertung   Wird oft gedankenlos eingesetzt, meistens aber ohne hinterhältige Absichten.

Abwehr   Den Versuch der »untergeschobenen« Beeinflussung aufdecken und die eigene Beweisführung wiederholen bzw. verstärken.

angreifend – abwertend
↓   ↓   ↓

Übertreibungs-Technik

Einzelne Thesen oder die gesamte Position des Diskussionspartners
werden bewusst (oft unter Missachtung eigener Einschränkungen)
so stark überzeichnet, dass sie als unvernünftig, absurd oder gefährlich erscheinen.

Beispiele	*»Ihre Statistik ist elastisch wie ein Gummiband.«* *»Sie stellen mit Ihrer Aussage alle Asylanten als arbeits-* *scheue Subjekte hin.«* *»Wenn Sie das fordern, wollen Sie Schneebälle rösten!«*
Synonyme	Überzeichnungs-Methode. Argumentum ad absur- dum.
Bewertung	Gefährliche Methode, falls der Übertreibungseffekt gelingen sollte.
Abwehr	Die Übertreibung als maßlos bezeichnen, nach sachli- chen Argumenten fragen oder: *»Sie übertreiben mäch-* *tig. Ich möchte deshalb noch einmal das Grundproblem* *deutlich machen«.*

Unterbrechungs-Technik

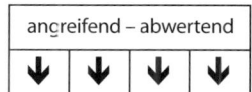

Der Diskussionspartner wird gezielt gestört und verunsichert, indem seine Beweisführungen wiederholt durch Einwürfe, Fragen oder eigene Ausführungen unterbrochen werden.

Beispiele   »Hört, hört – das gibt's doch nicht ...«
»Sie wiederholen sich ...«
»Da lachen ja die Hühner ...«
»Moment mal, Sie beurteilen die Lage falsch ...«

Synonyme   Verunsicherungs-Methode, Rückfrage-Technik.

Bewertung   Sehr häufig zu beobachtende unfaire Methode. Nicht empfehlenswert.

Abwehr   Den Diskussionspartner auffordern, die Unterbrechungen zu unterlassen. Eventuell Unterstützung durch den Moderator verlangen.

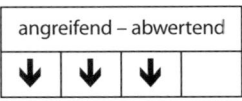

Unterstellungs-Technik

Wider besseres Wissen werden dem Diskussionspartner Aussagen oder Absichten unterstellt, die nicht zutreffen und die er nie gemacht hat.

Beispiele »*Sie wollen doch nur erreichen* ...«
»*Sie geben also zu, dass* ...«
»*Ihre wahren Interessen liegen* ...«
»*Bevor Sie mich weiter angreifen und meinen Führungsstil diskreditieren, sollten Sie erst einmal* ...«

Synonyme Keine.

Bewertung Unfaire Methode, die aber in der Diskussion keine starke Wirkung zeigen kann.

Abwehr Zurückfragen: »*Warum unterstellen Sie mir das?*« Ruhig, gelassen und beharrlich die eigene Argumentation vortragen, gegebenenfalls auch wiederholen. Manchmal macht es auch Sinn, Unterstellungen einfach zu überhören (und sie damit abzuwerten).

Utopie-Technik

angreifend – abwertend			
↓	↓		

Die Thesen und Ansichten des Diskussionspartners werden als »utopisches Wunschdenken« abgewertet und als unrealistisch zurückgewiesen.

Beispiele »*Das müssen Sie geträumt haben, das ist reines Wunschdenken ...*«
»*Ihre Phantasie kennt wieder mal keine Grenzen ...*«
»*Sie sollten Romane schreiben ...*«

Synonyme Keine.

Bewertung Nicht sonderlich gefährliche Methode.

Abwehr »Wer nicht vorausschauen kann, den bestraft das Leben« (frei nach Michail Gorbatschow). Begründen, warum Perspektiven und Visionen für das Thema wichtig sind.

angreifend – abwertend

↓ | ↓ | ↓ | ↓

Verallgemeinerungs-Technik

Anhand eines nicht repräsentativen Einzelbeispiels wird bedenkenlos verallgemeinert in der Hoffnung, dass die Überzeugungsenergie verlängerbar ist.

Beispiele   *»Nach … besteht kein Zweifel mehr, dass …«*
»Es bedarf keiner weiteren Diskussion …«
»Die Pleite des … Imperiums hat gezeigt, wie große Unternehmer die kleinen Leute übers Ohr hauen.«
»Das schnelle Verschwinden von SUPERLEARNING hat doch gezeigt, dass auch NLP wieder nur eine dieser kurzlebigen Strohfeuer-Methoden darstellt.«

Synonyme   Übertreibungs-Technik.

Bewertung   Sehr verbreitete Methode, wird oft nicht durchschaut, weil der erste Argumentationsteil meistens recht eindrucksvoll wirkt.

Abwehr   »Einzelbeispiele hinken«: Die genannten Beispiele als untypisch zurückweisen. Die Fähigkeit des Diskussionspartners bezweifeln, differenziert bewerten zu können. Beweismittel und Belege fordern.

angreifend – abwertend			
↓	↓		

Verschiebe-Technik

Eine vom Diskussionspartner angeforderte Beweisführung oder Argumentation kommt ungelegen. Die Antwort wird deshalb auf einen späteren Zeitpunkt verschoben.

Beispiele »*Ich komme auf Ihre Argumentation später noch zurück.*«
»*Es würde den Rahmen unserer Diskussion sprengen, wenn* ...«
»*Wir können nachher bei einer Tasse Kaffee darüber ausführlich reden* ...«

Synonyme Zeitgewinn-Technik.

Bewertung Raffinierte Methode, um unangenehme Antworten zu verzögern. Aber: Diskussionspartner und Zuhörer haben in solchen Fällen ein erstaunlich gutes Gedächtnis. In solchen Situationen ist für sie nichts wichtiger als die angekündigte Rückkehr zum ungeliebten Argument.

Abwehr Auf sofortiger Stellungnahme bestehen oder – bei Verschiebung – die versprochene Antwort rechtzeitig einfordern.

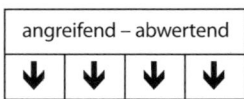

Verwirrungs-Technik

Einzelne Aussagen oder Begriffe des Diskussionspartners werden aus dem Zusammenhang gerissen und so verdreht, dass sie durch neue Interpretationen einen anderen Sinn erhalten. Oder der Diskussionspartner wird absichtlich durch nicht zum Thema gehörende Rückfragen verwirrt.

Beispiel *»Tut mir Leid. Ich habe mir Ihren ersten Satz nicht gemerkt. Der war sehr gut. Damit können Sie Ihren zweiten Satz widerlegen.«*
»Ihr Vorschlag, dieses neue DV-Verfahren einzuführen, wird uns weiterführen. Bedeutet es aber Weiterführung, wenn wir uns damit neue Probleme aufhalsen? Dabei wäre die Einführung gar nicht so schlecht.«

Synoyme Verdrehungs-Methode.

Bewertung Bösartig und gemein, unseriös, deshalb nicht empfehlenswert.

Abwehr Unbeirrt die eigene Position wiederholen. Einhaltung des Themas anmahnen. Oder: *»Halt mal, dieses Knäuel müssen wir erst entwirren ...«*

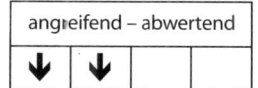

Vorwegnahme-Technik

Wer den inhaltlich-argumentativen Ansatz seines Diskussionspartners kennt, kann diesem »viel Wind aus den Segeln« nehmen, indem er dessen Beweisführung selbst aufgreift und im Voraus entkräftet.

Beispiele   *»Mancher von Ihnen denkt vielleicht auch ...«*
»Sie werden sicherlich noch einwenden ...«
»Die Gegner meiner Auffassung behaupten gerne ...,
tatsächlich jedoch ...«
»Ich weiß schon, dass eines Ihrer Argumente (eine Ihrer
Begründungen) sein wird, ..«

Synonyme   Keine.

Bewertung   Sehr geschickte Taktik zur Schwächung der gegnerischen Position. Ihr Diskussionspartner wird erkennen, dass Sie argumentationstechnisch geschult sind – er wird vorsichtiger taktieren.

Abwehr   Kaum möglich.

bejahend – unterstützend
↑   ↑   ↑   ↑

Wiederholungs-Technik

Mehrfache (unaufdringliche) Wiederholungen von Forderungen oder überzeugenden Thesen verstärken deren Wirksamkeit ganz beträchtlich (steter Tropfen höhlt den Stein).»Die Wiederholung ist die einzig wirksame Redeform.« (Napoleon)

Beispiele   »Lassen Sie es mich noch einmal mit anderen Worten sagen, wie wichtig das ist.«
»Wir müssen in diesen Markt reinkommen, wir müssen uns dem Markt anpassen, wir müssen unsere Marktstrategie ändern!«
»Und, ich wiederhole es ausdrücklich ...«

Synonyme   Verstärkungsmethode. Da-Capo-Taktik.

Bewertung   Bewährte, faire Methode. Sehr wirkungsvoll und sehr empfehlenswert, um die eigene Position zu stärken.

Abwehr   Entfällt.

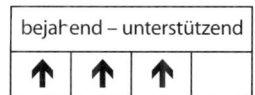

»Wir-Gefühl«-Technik

Hier wird zum Durchsetzen eigener Anliegen an die soziale Verantwortung und die Pflicht zur Gemeinsamkeit appelliert, an eine notwendige Solidarität oder an den gemeinsamen Nenner.

Beispiele »*Wir ziehen doch letztlich alle am gleichen Strang.*«
»*Wir sitzen alle im selben Boot.*«
»*Haben wir nicht immer eine Lösung gefunden? Lasst uns auch jetzt zusammenhalten.*«
»*Ich weiss, wie Ihnen zu Mute ist. Ich war auch einmal …, und deshalb kann ich mich gut in Ihre Lage hineinversetzen.*«

Synonyme Solidaritäts-Methode.

Bewertung Durchsetzungswirksamer Ansatz, empfehlenswerte Technik, weil solche emotionalen Appelle meistens auf fruchtbare Böden fallen.

Abwehr Darauf hinweisen, dass mit dem Aufruf an das Wir-Gefühl tiefergreifende Probleme zugeschüttet werden können.

bejahend – unterstützend

Wissenschafts-Technik (seriös)

↑	↑	↑	↑

Wer sich auf wissenschaftliche Untersuchungen beruft oder bekannte Experten mit hohem Ansehen zitiert, stärkt damit seine Argumentation und seine Position (Autoritätsbeweis). Zudem vermittelt diese Methode den Eindruck hoher fachlicher Kompetenz.

Beispiele »*In meiner Argumentation weiß ich mich einig mit ...*«
»*Alle Sachkenner, wie zum Beispiel der Literaturkritiker Friedrich R., stützen meine Auffassung.*«
»*Wolfgang S., der bekannteste deutsche Gerichtsmediziner, kam in seiner Untersuchung zu dem Ergebnis ...*«
»*Nach einer Untersuchung des XY-Instituts der Universität Z aus dem Jahre ...*«

Synonyme Experten-Methode. Autoritätsargumentation.

Bewertung Die Königin unter Ihren Argumentationstechniken, sehr empfehlenswert!

Abwehr Gegen-Untersuchung oder Gegen-Aussage zitieren oder nachweisen, dass der erwähnte Experte gar kein Experte ist. Darauf hinweisen, dass die Quelle aus dem Zusammenhang gerissen ist, dass es eine Vielzahl solcher Untersuchungen gibt oder dass der vermeintliche Beleg mit dem vorliegenden Problem nichts zu tun hat.

Wissenschafts-Technik (unseriös)

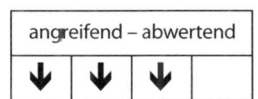

Die Argumentation erfolgt wie bei der seriösen Wissenschafts-Technik, nur dass die angeblichen Belege, Bezüge, Statistiken und Zitate frei erfunden sind bzw. falsch oder ungenau eingesetzt werden.

Beispiele »*Amerikanische Forscher kamen zu dem Ergebnis, ...*«
»*Wissenschaftliche Untersuchungen haben gezeigt, ...*«
»*Es ist statistisch (wissenschaftlich) erwiesen, dass, ...*«
»*Alle Fragen wurden psychologisch getestet ...*«
»*Umfragen ergaben, dass ...*«
»*Hier steht es Schwarz auf Weiß: Ernährungswissenschaftler haben herausgefunden, Marmelade enthält zuviel Fett.*«

Synonyme Trick-17-Methode.

Bewertung Häufig zu beobachtende Methode, aber gefährlich, wenn ihre Durchsichtigkeit offenbar wird. Deshalb nicht empfehlenswert.

Abwehr Nach den genauen Quellen fragen (»*Wo steht das?*«; »*Wo kann ich das nachprüfen?*«) oder den unseriösen Charakter der Behauptung aufdecken.

Zeitgewinn-Technik

angreifend – abwertend		
↓	↓	↓

Um Zeit zu gewinnen, werden naive Fragen gestellt und Antworten verzögert. Der Diskussionspartner stellt sich absichtlich dumm, schwerhörig oder fragt umständlich zurück.

Beispiele   »*Das habe ich nicht verstanden, wie meinen Sie das?*«
»*Erlauben Sie mir eine Verständnisfrage …*«
»*Können Sie bitte Ihre Erklärung noch einmal wiederholen?*«
»*Ich komme später auf Ihren Einwand zurück.*«

Synonyme   Hinhalte-Technik. Verzögerungstaktik. Rückfrage-Methode. Aufschub-Methode.

Bewertung   Ungefährlich, kommt aber relativ häufig vor.

Abwehr   Verzögerungsabsicht aufdecken. Den Diskussionspartner auffordern, sich jetzt zur Sache zu äußern.

Kapitel 6
Der letzte Eindruck bleibt

Wir wissen aus der Lernpsychologie und eigenen praktischen Untersuchungen in vielen Seminaren, wie gut gerade der letzte Gedanke eines Diskussionsbeitrages und der letzte Eindruck der Debattenredner in unserem Langzeitgedächtnis gespeichert werden. Viele vorhergehende Informationen verlöschen, ehe sie das Langzeitgedächtnis erreicht haben. Das letzte Argument dagegen wird erstaunlich fest verankert.

Deshalb wollen wir Sie in diesem Kapitel überzeugen, Ihrem letzten Eindruck bei Diskussionen künftig besondere Aufmerksamkeit zu widmen.

Der letzte Eindruck ist entscheidend für Ihre Gesamtwirkung

Wie oft haben Sie sich bisher Gedanken gemacht über das Was und Wie Ihres Diskussionsabschlusses? Vermutlich wenig oder überhaupt nicht. Künftig sollten Sie diesem Punkt aber unbedingt mehr Beachtung schenken. In den meisten Situationen wird das Ende einer Diskussion vorhersehbar und planbar sein. Nutzen Sie diese Chance. Überlegen Sie sich Ihren Diskussionsausstieg vorher genau. Die Wirkung Ihrer *letzten Argumentation* auf Ihre Dialogpartner bestimmt ganz wesentlich Ihren Gesamteindruck in der Diskussion.

Selbst wenn Sie das Gefühl haben sollten, während der Diskussion etwas farblos gewirkt und nicht optimal argumentiert zu haben – in der Schlussphase bietet sich noch einmal die Möglichkeit, alles herauszureißen.

Die »Genscher-Methode«

Wir beschreiben in Kapitel 8 noch ausführlicher, wie Hans-Dietrich Genscher in öffentlichen Diskussionen dadurch überzeugend auffiel, dass er den zweitstärksten Gedanken an den Anfang seiner Argumentation stellte und das beste Argument an den Schluss. Nutzen Sie diese erfolgreiche Strategie für Ihr eigenes Diskussionsverhalten, wenn der Ablauf der Debatte voraussehbar und das Ende zeitlich kalkulierbar sind.

Gezielt Verstärker einsetzen

In Kapitel 8 erfahren Sie auch, was *allgemeine* und *verbale Verstärker* sind. Setzen Sie deren dramaturgische Wirkungskraft besonders für Ihren Diskussionsabschluss ein. Bringen Sie in der Schlussphase ganz gezielt ein bis zwei überzeugende Verstärker. Das zahlt sich aus, und damit hinterlassen Sie einen Eindruck von Kompetenz und Glaubwürdigkeit. Sie zeigen: Ich bin der Fachmann/die Fachfrau mit Wissen und Erfahrung.

Weitere Möglichkeiten für einen starken Schluss

Schöpfen Sie Ihre *stimmlichen Möglichkeiten* voll aus: Sprechen Sie Ihre Schlussworte mit leicht erhöhter Lautstärke, ohne zu schreien. Heben Sie Ihre Stimme etwas an. So erhellen Sie deren Klangfarbe, und das wirkt lebendig, interessant und fesselnd.

Formulieren Sie Argumente gegen Ende der Diskussion möglichst positiv. Geben Sie – wo immer es passt – einen *zuversichtlichen Ausblick*. Lassen Sie als letzten Eindruck Ihr positives Denken erkennen. Zeigen Sie optimistische Perspektiven auf – ohne dabei den Boden der Realität zu verlieren. Bringen Sie am besten auch Appelle zu konkretem Handeln. Positive Schlussargumente erhöhen immer Ihre Akzeptanz, negative schrecken dagegen ab. Daran sollten Sie stets denken.

Fassen Sie noch einmal zwei Ihrer Kerngedanken *zusammen,* nicht mehr. Weitere Gedanken würden im Gedächtnis Ihrer Zuhörer durchfallen. Wo es passt, gewinnen Sie Sympathie, wenn Sie Ihren Mitdiskutanten für deren Fairness oder ihr Bemühen um konstruktive Beiträge danken.

Formulieren Sie eine *rhetorische Frage* (das ist normalerweise eine Frage, die Sie stellen und anschließend selbst beantworten). Eine rhetorische Frage am Ende der Diskussion kann aber auch offen im Raum stehen bleiben. Sie wirkt dann als Denkanstoß für die Diskussionsteilnehmer, sich selbst darüber Gedanken zu machen.

Kapitel 7
Umgang mit Zwischenfragen und Störungen

Wie Sie mit Zwischenfragen und Zwischenrufen während einer Diskussion am besten zurechtkommen können, erfahren Sie in diesem Kapitel. Dabei stehen die größeren, das heißt die offiziellen Diskussionsrunden im Vordergrund unserer Zuwendung. Natürlich wird es solche Störungen auch in den kleinen, mehr persönlichen Diskussionen geben. Doch sind sie dort eher unbedeutende Einflussfaktoren, für die unsere Tipps aber natürlich gleichermaßen gelten.

»Flexible response«

Wenn Sie an einer Diskussion vor Zuhörern beziehungsweise Zuschauern teilnehmen, kann es jederzeit zu Zwischenfragen und Störungen durch Zwischenrufe kommen, die Ihre Redeweise und Argumentationstaktik beeinträchtigen. Sind Sie aber auf die Technik des Frage- und Zwischenrufspiels eingestellt und wenden Sie die hier gewonnenen Erkenntnisse an, werden Sie in der Praxis keine Probleme bekommen.

Unser wichtigster Tipp lautet: Sie sollten auf Fragen und Zwischenrufe *flexibel reagieren*, nicht nach einem starren Muster, sondern beweglich auf die jeweilige Situation bezogen. Bleiben Sie dabei locker und gelassen. Das wirkt souverän. Sie können sich hier Thomas Gottschalk als Beispiel nehmen. Es ist immer wieder eindrucksvoll, wie locker und souverän dieser Showmaster mit unerwarteten Situationen umgeht – und dabei freundlich und unverkrampft bleibt.

Zwischenfragen sind konstruktive Fragen

Mit Zwischenfragen müssen Sie immer rechnen. Stellen Sie sich darauf ein. Zwischenfragen kommen meistens von besonders engagierten Zuhörern, von temperamentvollen und von ungeduldigen. Sie sind überwiegend *positiv gemeint und konstruktive Beiträge.* Vermuten Sie hinter einer Zwischenfrage nicht gleich eine Aggression, einen persönlichen Angriff auf Sie. Hüten Sie sich, selbst bei unangenehmen Fragen in die Luft zu gehen oder die Frage arrogant vom Tisch zu fegen. Sehen Sie in jeder Zwischenfrage eine willkommene Plattform, von der aus Sie Ihren eigenen Ansatz weiterentwickeln können.

Zwei Möglichkeiten

Grundsätzlich haben Sie *zwei Möglichkeiten*, auf Zwischenfragen zu reagieren: Entweder Sie beantworten die Frage sofort oder Sie stellen Sie zurück, etwa mit dem Hinweis:»Bitte haben Sie etwas Geduld, ich gehe auf Ihre Frage später noch ein«. Dann müssen Sie Ihr Versprechen aber auch unbedingt einhalten. Sie dürfen (selbst bei unangenehmen Fragen) nicht auf die Vergesslichkeit des Fragestellers bauen. Für den gibt es nämlich vorübergehend nichts wichtigeres als seine Frage – und die möchte er natürlich beantwortet haben.

Zwischenfragen zu überhören oder gar zu verbieten (»das würde den Rahmen dieser Diskussion sprengen«) schadet Ihrem fachlichen wie persönlichen Ansehen. Daher sollten Sie das unbedingt vermeiden.

Wenn Sie die Antwort nicht wissen

Was machen Sie, wenn Sie eine Frage nicht beantworten können? Wenn Sie bemerken, wie Ihr Adrenalinspiegel steigt, weil Sie keine Ahnung haben, weil Ihnen die Antwort fehlt oder Ihr inneres Gefühl Ihnen sagt: Das müsstest du eigentlich wissen? Zunächst auch hier ein Ratschlag für alle Fälle: *Bleiben Sie ehrlich!* Tun Sie nicht so, als könnten Sie die Frage beantworten und dann reden Sie wie manche Politiker »um den heißen Brei«. Diese faule Taktik durchschauen Ihre Zuhörer bzw. Zuschauer schnell. Das geht dann immer zu Ihren Lasten. Denken Sie doch einmal zurück: Wie ist es bei Ihnen angekommen, wenn ein Vorgesetzter oder ein Kollege oder ein Freund bei einer Zwischenfrage offen eingestand, er kenne die Antwort nicht. Hat er sich damit blamiert? Verlor er sein Gesicht?

Nachbesserungen zusagen

Nach unseren Erfahrungen hat jeder Zuhörer oder Zuschauer Verständnis, wenn ein Diskussionsteilnehmer eine Frage unbeantwortet lassen muss, sofern das nicht mehrfach hintereinander geschieht. Ein derart offenes Bekenntnis spricht für den Mut und die Aufrichtigkeit des Betreffenden. Doch bedenken Sie in diesem Zusammenhang auch: Wenn Sie eingestehen müssen, »überfragt« zu sein, sollten Sie immer im gleichen Atemzug eine *Nachbesserung* zusagen. Sie können dabei beispielsweise folgendermaßen reagieren:

»Leider bin ich hier überfragt. Ich werde mich aber schlau machen und meine Antwort schnellstmöglich nachliefern.«
»Es tut mir Leid, Ihre Frage nicht beantworten zu können. Ich werde mich informieren. Morgen kann ich Ihnen meine Antwort zukommen lassen.«
»Das weiß ich leider nicht. Ich werde mich erkundigen und rufe Sie so schnell wie möglich an.«

Frage zurückgeben

Im Zusammenhang mit dem Eingeständnis des Nichtwissens der Antwort auf eine Zuhörerfrage steht dem souveränen Diskussionsteilnehmer eine weitere bewährte Reaktionsmöglichkeit zur Verfügung: Mit den Worten »Leider kenne ich die Antwort nicht. Wir haben hier aber viele kompetente Leute im Raum: Wer kann dazu etwas sagen?« reicht er *die Frage an die Zuhörergruppe* zurück.

Diese Technik funktioniert fast immer. Irgendein gutwilliger Teilnehmer wird versuchen, für Sie die Antwort zu liefern. Sie können auch einen Ihnen bekannten und fachlich versierten Zuhörer direkt ansprechen, indem Sie ihn fragen: »*Frau Müller, Sie kennen sich doch auf diesem Gebiet gut aus. Würden Sie mir helfen? Ich fühle mich da nicht ganz sicher (oder: zuständig).*« Und Frau Müller wird Sie nicht im Stich lassen. Probieren Sie es einmal aus. Soweit zur Behandlung von Zwischenfragen.

Umgang mit Zwischenrufen

Schwieriger ist der Umgang mit Zwischenrufen. Prinzipiell bieten sich *drei Reaktionsformen* an. Sie müssen nur blitzschnell und unmittelbar nach dem Zwischenruf entscheiden, welche der drei Möglichkeiten Sie wählen:

Möglichkeit 1: Zwischenruf überhören!
So zu reagieren ist empfehlenswert bei Zwischenrufen eines politischen Gegners oder bei offensichtlich negativ gemeinten Einwänden und Störungen, sofern diese nicht überhand nehmen.

Möglichkeit 2: Zwischenruf sofort geistreich erwidern!
Diese Reaktion erfordert ein gewisses Maß an natürlicher Schlagfertigkeit. Schlagfertigkeit ist aber nicht jedermanns Sache. Sie können sich aber vorsorglich für alle Fälle einige Antworten zurechtlegen. Vergleichen Sie dazu unsere Vorschläge auf Seite 93.

Möglichkeit 3: Auf den Zwischenruf eingehen!
So sollten Sie reagieren bei Fachdiskussionen, Meetings, Fachvorträgen und Präsentationen. Empfehlenswert ist diese Reaktion auch, wenn der Zwischenrufer offensichtlich keine polemischen Absichten verfolgt oder Ihre Feststellungen mit seinen Zwischenrufen sogar unterstützen möchte.

Schlagfertige Reaktionsmöglichkeiten auf negative Zwischenrufe

Tolerante und verbindliche Reaktion (Ihr Standard)

»Einen Moment bitte, gleich sind Sie dran.«
»Ich komme auf Ihren Einwand zurück.«
»Bitte Geduld – ich werde mich dazu gleich äußern.«
»Können wir diesen Punkt zurückstellen?«
»Ganz Ihrer Meinung, aber ...« (dann eigene Position bringen).

Mittelscharfe Reaktion (Sollten Sie nur in Ausnahmefällen einsetzen)

»Bitte stören Sie nicht durch Zwischenrufe. Sie können sich anschließend äußern.«
»Ich möchte hier keinen Privatdialog führen, das werden wir in der Pause tun.«
»Dieses Problem ist doch wesentlich vielschichtiger, als Sie es sehen.«
»So einfach können wir es uns nicht machen.«
»Sie verwechseln offensichtlich Ursache und Wirkung.«

Scharfe Reaktion (Vorsicht! Sie schaffen sich damit einen Gegner)

»Wer trägt hier vor – Sie oder ich?«
»Erst denken, dann rufen.«
»Von Ihnen, Herr .../Frau ..., kann man doch nichts anderes erwarten.«
»Dazu habe ich schon Besseres gehört.«
»Ein ausgesprochen schlechter Beitrag.«
»Wer schreit, hat Unrecht.«

Kapitel 8
Weichmacher und Verstärker

Was sind »Weichmacher«?

Weichmacher kennen Sie von Waschmitteln. Das sind jene chemischen Zusätze, die das Wasser und damit die Wäsche weich machen. Es gibt eine Parallele zum Reden und Argumentieren: Weichmacher haben hier die Eigenschaft, Ihren Argumenten und Informationen die harten und damit auch die durchsetzungsstarken Eigenschaften zu nehmen. Sie dämpfen Ihre Worte und Sätze. Manchmal macht das Sinn, etwa wenn der Chef seinem Mitarbeiter mitteilen möchte:»Ich bin mit Ihren Leistungen nicht ganz zufrieden«. Damit will der Vorgesetzte seine Kritik weniger hart ausdrücken. Das ist in Ordnung. Meistens werden solche verbalen Weichmacher aber falsch eingesetzt.

Was Weichmacher sind und wie sie wirken, das wollen wir Ihnen in diesem Kapitel erklären. Zwei Gruppen lassen sich dabei feststellen: *allgemeine* und *verbale Weichmacher.*

Allgemeine Weichmacher

Zunächst zur ersten Gruppe, den *allgemeinen Weichmachern.* Jeder hat sie schon kennen gelernt. Sie sind die schlechten »Verpackungen« von Diskussionsbeiträgen, weil sie deren Wirksamkeit erheblich herabsetzen. Selbst die stärksten Argumente und fachlich wertvollsten Informationen werden zu ausgesprochenen »Weicheiern«, wenn sie leise, undeutlich oder mit monotoner Stimme vorgetragen werden.

❖ **Wenn kein »Pep« da ist**

Fehlender »Pep« ist der schlimmste Weichmacher. Dieses Wort steht zwar nicht im Wörterbuch, und doch weiß jeder, was damit gemeint ist: Pep bedeutet Dynamik, Engagement und Schwung – die Österreicher nennen das »Dampf«.

Haben Sie nicht auch schon erlebt, im Fernsehen oder live, wie hochkarätige Experten neben ihren schwungvollen und eloquenten Diskussionsgegnern – die fachlich nicht einmal halb so gut waren – ausgesprochen blass und hilflos aussahen? Was den Experten einfach fehlte, war Pep. Sie sprachen zu leise und zu schwunglos. Sie engagierten sich nicht. Sie wirkten unbeteiligt und desinteressiert. Was sie vortrugen, kam nicht an.

Daraus folgern wir, vielleicht etwas überzeichnet, aber in der Sache völlig sicher: *Rund ein Drittel der Argumentationskraft kommt aus dem Inhalt, aber bis zu zwei Drittel bewirken die »Verpackung«, der Elan, das Engagement des Redners.*

❖ **Wenn der Blickkontakt fehlt**

Ein anderer häufig zu beobachtender Weichmacher bei Diskussionen ist fehlender oder *unzureichender Blickkontakt.* Beobachten Sie einmal, wie viele Menschen zu Ihnen sprechen, ohne Sie dabei anzusehen. Wer aber seine Gesprächspartner oder Zuhörer nicht anschaut, während er mit ihnen diskutiert, mindert die Wirkung seiner Aussagen um mehr als fünfzig Prozent.

Vergessen Sie deshalb nie: Neben der Sprache sind Ihre Augen das ausdrucksstärkste Wirkungsmittel. Warum schminken sich viele Frauen die Augen? Weil sie damit deren Ausdruckskraft verstärken wollen. Und womit »arbeiten« Sie, wenn Sie flirten? Mit den Augen, mit Blicken. Was wäre eine Liebeserklärung ohne Augenverbindung? Ein Nichts. Und genau so ist es, wenn Sie zu anderen Menschen sprechen oder mit ihnen diskutieren.

Verbale Weichmacher

Nun zu den verbalen Weichmachern. Ein verbaler Weichmacher ist eine rhetorische Formulierung, die die Aussagekraft eines Satzes verkleinert und relativiert. Sein bekanntester und am meisten verbreiteter Vertreter ist die *falsche Verwendung des Konjunktivs*, der Möglichkeitsform. Ursprünglich für Situationen gedacht, in denen eindeutige Aussagen nicht möglich sind, wird der Konjunktiv gerne vorgeschaltet, um eine Bitte oder Aufforderung höflich und weniger absolut erscheinen zu lassen.

❖ **Der Demutskonjunktiv**
Man nennt solche Abschwächungen auch »Demutskonjunktiv«. Demutskonjunktive wirken zwar freundlich und nett, sie sind aber in der Sache schwach und unverbindlich.
Ein Beispiel: Der Satz »Ich *würde* Sie bitten, das Fenster zu öffnen« klingt sanfter und weicher, aber nicht so eindeutig wie die Aufforderung »Ich bitte Sie, das Fenster zu öffnen«. Zudem wird – wie bereits gesagt – der Konjunktiv hier falsch eingesetzt, denn die Bitte in unserem Beispiel verlangt eindeutig ein offenes Fenster und lässt keine Alternativen zu.
Noch ein Beispiel: Wenn jemand über einen andern sagt, »Seine Sprache war *an und für sich deutlich*«, dann will das schon besagen, so ganz klar war sie eben nicht. Sonst könnte er ja formulieren: »Seine Sprache war deutlich«. Und ein letzter Beleg: Die Äußerung »Ich habe mich *da etwas* erkundigt ...« klingt weitaus weniger überzeugend als die Aussage »Ich habe mich erkundigt«.

❖ **Verbale Weichmacher vermeiden**
Verzichten Sie deshalb auf Weichmacher, wo Sie in Reden und bei Diskussionen überzeugend formulieren wollen. Vermeiden Sie unsicher wirkende Aussagen, wenn es Ihnen wichtig ist, andere Menschen zu überzeugen oder wenn Sie sich durchsetzen müssen.

Hier eine kleine *Übungsaufgabe*

Streichen Sie aus den folgenden Sätzen alle Weichmacher raus.

»Diese Abteilung wurde, glaube ich, dreimal umgegliedert ...«
»Soviel ich weiß, ist Backbord links ...«
»Wäre es vielleicht möglich, mir ein Bier zu bringen ...«
»Ich bin mir ziemlich sicher, Ihre Schuhe waren rot ...«
»Entschuldigung, ich bin etwas unvorbereitet, weil mich der Auftrag überrascht hat ...«
»Machen wir es halt so ...«
»Eigentlich war der Gesamteindruck recht positiv ...«
»Diese Struktur erscheint mir irgendwie gut ...«
»Im Großen und Ganzen bin ich dafür, den Rechner anzuschaffen ...«
»Ich hoffe, meine Argumente sind mehr oder weniger überzeugend ...«
»Ich finde seine relativ lockere Art ganz gut ...«
»Das ist vielleicht ein wichtiger Grund ...«
»Kiew ist die Hauptstadt Weißrusslands, nehme ich an ...«
»Wir haben versucht, Pro-Argumente zu finden, hoffentlich überzeugen sie Sie ...«
»So geht das nicht weiter, sag ich mal ...«

Was sind Verstärker?

Neben Weichmachern gibt es für Ihr Diskussionsverhalten natürlich auch »Verstärker«. Solche rhetorischen Bausteine kräftigen und betonen Ihre Aussagen und verstärken deren Wirksamkeit. Sie sollten Verstärker überall dort einsetzen, wo es Ihnen besonders wichtig ist, überzeugend zu wirken und Ihre Botschaft eindrucksvoll an die Adressaten zu übermitteln. Wie bei den Weichmachern unterscheiden wir auch hier *allgemeine* und *verbale Verstärker*.

Allgemeine Verstärker

Allgemeine Verstärker – das sind zunächst einmal alle positiv wirkenden Verhaltensweisen in Ihrem rhetorischen Auftreten – alles, was einen guten Diskussionsredner ausmacht:

* Engagement und Schwung einsetzen
* Blickverbindung halten
* Kurze, prägnante Beiträge bringen
* Gute Strukturen bilden
* Laut und deutlich sprechen
* Adressatengerecht formulieren
* Anschaulich argumentieren
* Haltung, Mimik und Gestik unterstützend einsetzen

Wir kennen aber noch einige zusätzliche Möglichkeiten, mit denen Sie die Bedeutung Ihrer Worte deutlich aufwerten können.

Vitalität und Schwung

Zeigen Sie viel Power, Vitalität und Schwung. »*In euch muss brennen, was ihr in anderen entzünden wollt*«: Das gab schon vor rund zweitausend Jahren Aurelius Augustinus – der bedeutendste Kirchenlehrer der frühchristlichen Zeit in Rom – seinen Schülern als beste rhetorische Empfehlung mit auf den Weg. Der Rat des antiken »Rhetoriktrainers« Augustinus ist in die Geschichte eingegangen und besitzt nach wie vor uneingeschränkte Gültigkeit. Wenn Ihre Zuhörer spüren, dass in Ihnen »etwas brennt«, wenn Sie reden, dass Sie innerlich hinter dem stehen, was Sie sagen – dann haben Sie mit Ihrer Überzeugungsabsicht schon halb gewonnen. Seien Sie deshalb so engagiert wie möglich. Und falls Sie zu den ruhigeren Menschen gehören, geben Sie sich einen inneren Ruck, wenn Sie diskutieren. Wollen Sie erfolgreich sein, sind ein Höchstmaß an Elan, Vitalität und Schwung ganz wichtig. Wie auch immer Sie dieses menschliche Wesensmerkmal bezeichnen wollen, für uns ist es im Diskussionsverhalten das *Wirkungsmittel Nummer eins.*

Wiederholungen oder die »Tropfenmethode«

Napoleon hat einmal gesagt: »*Ich kenne nur ein rhetorisches Mittel. Das sind Wiederholungen.*« Wiederholen Sie die Argumente, die Ihnen besonders am Herzen liegen. »*Steter Tropfen höhlt den Stein*« weiß ein deutsches Sprichwort. Übertragen Sie diese Erkenntnis in Ihre Rede- und Argumentationspraxis.

Je häufiger Sie einen Gedanken erwähnen oder eine Forderung nennen, desto größer wird die Wahrscheinlichkeit, dass diese Information im Gedächtnis Ihrer Zuhörer abgespeichert wird. Das ist die »Tropfenmethode«. Vermeiden Sie aber wortwörtliche Wiederholungen. Kleiden Sie Ihre Kerngedanken jeweils in ein neues Gewand, in eine neue Verpackung. Argumentieren Sie einmal von dieser und einmal von jener Richtung. Erklären Sie Ihre These immer wieder an einem anderen Beispiel. Wiederholen Sie Ihre Aussage – ohne penetrant zu wirken – bis Sie glauben, die beabsichtigte Wirkung erzielt zu haben.

Bewährte Wiederholungsformulierungen sind:

»*Und ich wiederhole, weil das besonders wichtig ist* …«
»*Ich weise noch einmal darauf hin* …«
»*Üben, üben, üben – das bringt den Erfolg* …«
»*Man kann es nicht oft genug hervorheben* …«
»*Ich möchte noch einmal betonen* …«
»*Lassen Sie mich am Schluss zusammenfassen· Erstens* …,
zweitens … *und drittens* …«

Zusammenfassen

Auch Zusammenfassungen sind letztlich nichts anderes als Wiederholungen. Wer am Ende eines Diskussionsbeitrages noch einmal den wichtigsten Kerngedanken hervorhebt, verstärkt damit dessen Verankerung in den Köpfen der Diskussionspartner.

Das könnte etwa so aussehen:

»*Meine Damen und Herren, um es auf den Punkt zu bringen* …«
»*Mit einem Satz heißt das:* …«

Damit gelangt eine größere Informationsmenge – die als bioelektrische Schwingungen bereits im Kurzzeitgedächtnis kreisen – in das Langzeitgedächtnis. Zudem geben Zusammenfassungen auch jenen Zuhörern noch eine Chance, etwas mitzubekommen, die Ihren Ausführungen vielleicht nicht immer voll konzentriert gelauscht haben.

Betonungsgesten

Setzen Sie zur Verstärkung Ihrer Argumentation Betonungsgesten ein. Betonungsgesten sind Bewegungen der Hände, die das gesprochene Wort unterstützen, ja sogar ersetzen können. Dazu einige *Anwendungsbeispiele:* Wollen Sie auf etwas wichtiges aufmerksam machen, heben Sie an dieser Stelle den Zeigefinger. Sie können auch auf etwas Imaginäres zeigen, was nicht im Raum, aber in den Vorstellungen der Zuhörer existiert. Oder Sie klopfen mit einem Finger sanft auf den Tisch. Wird Ihre Aussage noch wichtiger, kann das leichte Tippen in ein lauteres Pochen übergehen. Eine weitere Verstärkungsmöglichkeit wäre das Klopfen mit einem Bleistift oder Kugelschreiber. Politiker setzen auch schon mal ihre Faust ein. Gehen Sie aber nicht so weit wie Nikita Chruschtschow, der in den Sechziger-Jahren vor der Vollversammlung der Vereinten Nationen seinen Schuh auszog und damit auf dem Rednerpult herumtrommelte, um den sowjetischen Forderungen Nachdruck zu verleihen.

Beschreibungsgesten

Gesten veranschaulichen Ihre Gedanken, wo Sie etwas beschreiben, was nicht vorhanden ist. Nehmen wir einmal an, Sie wollen Ihrem Vorgesetzten während einer Diskussion die Information vermitteln:

»*Chef, wir haben da ein großes Problem*«. Ihre Botschaft wird deutlich stärker rüberkommen, wenn Sie dazu mit beiden Händen einen Kreis in die Luft zeichnen. Weiter: »*Dieses Problem sollten wir erst einmal in Teilprobleme zerlegen*« – und dazu zerschneiden Sie den imaginären Kreis mit einer Hand in Schichten. Ihre Gesten sollten immer mit der Aussage korrespondieren und bereits abgeschlossen sein, kurz bevor der Satz verklungen ist. Gesten hängen vom Temperament des Anwenders ab. Sind Sie mehr ein in sich ruhender Typ, setzen Sie Gesten sparsamer ein. Powerfrauen und Powermänner dürfen dagegen etwas mehr aus sich herausgehen. Auf keinen Fall sollten Ihre Beschreibungsgesten während der Diskussion über die doppelte Körperbreite hinausreichen.

Visualisieren

Sie wissen es längst, denn das ist hundertmal gesagt und geschrieben worden, und die alten Chinesen wussten es auch schon: *»Ein Bild sagt mehr als tausend Worte«.*

Was Ihre Diskussionspartner hören *und* sehen, werden sie bereitwilliger akzeptieren und länger behalten als das, was sie allein über ihre Ohren aufnehmen. Manchmal haben Sie bei dienstlichen Diskussionen die Möglichkeit, eine Tafel, ein Flipchart oder einen Overheadprojektor zu benutzen. Trauen Sie sich, stehen Sie auf, visualisieren Sie Ihre Gedanken. Meistens können Sie schon mit einer kleinen Skizze Zusammenhänge oder Entwicklungen viel eindrucksvoller aufzeigen als allein auf sprachlicher Ebene. Und Sie benutzen zwei Eingangskanäle zu den Gehirnen Ihrer Zuhörer, den auditiven und den visuellen. Das ist effektive Kommunikation.

Anschauliche Sprache

Wo Sie in Diskussionen keine Visualisierungsmöglichkeiten haben, legen Sie besonderen Wert auf eine bildhafte, das heißt möglichst anschauliche Sprache. Warum finden wir in der Bibel so viele Gleichnisse? Vera Birkenbihl hat darauf geantwortet, weil die Leute damals noch kein Flipchart besaßen. Deshalb ließen sie über Metaphern und anschauliche Vergleiche die Bilder eben in den Köpfen der Menschen entstehen. *Kopfkino* nennt man so etwas.

Auf einfacher Ebene wäre das schon der Satzanfang *»Stellen Sie sich einmal vor ...«* und dann folgt, was sich die Zuhörer vorstellen sollen: Bilder voller Dynamik, Metaphern oder anschauliche Beispiele.

»Die Generäle der Roten Armee hätten wir mit Magneten gefangen genommen«, meinte rückblickend einmal ein amerikanischer Offizier. Ist jetzt bei Ihnen auch ein Bild entstanden? Franz Josef Strauß war ein Meister der anschaulichen Sprache. Von ihm stammen die Sätze:»Eher legt sich ein Hund einen Wurstvorrat an, als ...« und»... dies hieße Schneebälle rösten zu wollen«.

Die»Genscher-Methode«

Auch Hans-Dietrich Genscher, der langjährige Außenminister der Bundesrepublik Deutschland, brillierte mit seiner wirkungsvollen Argumentationsstrategie. Man sagt ihm nach, er habe bei Diskussionen sein *stärkstes Argument* grundsätzlich an den *Schluss* gestellt und das *zweitbeste Argument* an den *Anfang*.

Die Vorteile dieser Argumentationstechnik leuchten ein: Im Einstieg werden bei den Zuhörern erst einmal Interesse und Aufmerksamkeit geweckt, und der letzte Gedanke bleibt besonders gut im Langzeitgedächtnis haften. Die »Genscher-Methode« gilt als überzeugendes Beispiel, wie Sie mittels einer geschickten Diskussionsstrategie große Wirkungen erzielen können.

Die vier Verständlichmacher nach Schulz von Thun

Ganz ausgezeichnete Verstärker sind auch die *Vier Verständlichmacher* des Hamburger Kommunikationswissenschaftlers Friedemann Schulz von Thun. Sie haben sich für die Praxis so bewährt, dass wir sie als die *klassischen methodischen Grundsätze* für Diskussionsbeiträge bezeichnen. Es gibt auf diesem Gebiet einfach nichts besseres. Die vier Verständlichmacher sind für Ihr Diskussionsverhalten sehr wichtig. Sie sollten sie daher immer im Auge behalten. Wer die Verständlichmacher beachtet, erhält die beste Garantie für den Erfolg seiner Informationen und Argumente.

Die vier Schulz-von-Thun-Verständlichmacher heißen: *Kürze, Einfachheit, Struktur und Stimulanz.*

❖ **Verständlichmacher »Kurz und prägnant sprechen«**
Die besten Diskussionsredner der deutschen Politik formulieren kurz und konzentriert. Helmut Schmidt war in dieser Beziehung ein großes Vorbild. Gerhard Schröder und Wolfgang Schäuble gehören heute dazu. Sie kennen leider auch diverse Gegenbeispiele. Schwafler und Dauerredner sind das, weit ausholende Labertypen, die sehr viel reden, bei denen man aber nie weiß, was sie eigentlich sagen wollen.
Sie machen es besser: Sie beschränken sich in Ihren Diskussionsbeiträgen auf wenige Kerngedanken, die Sie attraktiv verpackt, kurz und bündig vortragen. »Fasse dich kurz« schrieb die Post früher in ihre Telefonzellen. Genau das ist es.

❖ **Verständlichmacher »So einfach wie möglich reden«**
Einfach heißt nicht primitiv. Einfach reden bedeutet, keine unnötigen Verkomplizierungen aufzubauen. So sollte jeder Satz nur einen Gedanken enthalten. Verzichten Sie auf viele Nebensätze, vermeiden Sie komplizierte Schachtel- und Bandwurmsätze. Fremdwörter verwenden Sie nur dort, wo diese unverzichtbar sind und wo Sie wissen, Ihre Diskussionspartner verstehen Sie gleichermaßen. Sprechen Sie so, dass die Zuhörer Ihnen ohne große Mühe folgen können.

Ihre Sprache sollte deshalb immer adressatenbezogen sein. Das heißt für die Praxis, Sie müssen mit einer Gruppe von Hochschullehrern oder Bundestagsabgeordneten auf einer anderen sprachlichen Ebene diskutieren als mit Schülern oder Auszubildenden.

❖ **Verständlichmacher »Klar strukturiert sprechen«**
Damit ist die Gliederung Ihrer Diskussionsbeiträge gemeint. Wir kennen aus der Lernpsychologie überzeugende Experimente, die eindeutig belegen, wie strukturierte Informationen weitaus schneller verstanden und länger gespeichert werden als ungegliederte. Eine klare Struktur bildet den inhaltlichen »roten Faden«, der sich durchgängig durch ihre Diskussionsbeiträge ziehen sollte. Bringen Sie ein System in Ihre Gedanken und gehen Sie nach dieser Struktur vor.

❖ **Verständlichmacher »Attraktiv und stimulierend reden«**
Dazu gehört alles, was die Empfänger Ihrer Ausführungen reizt und »anmacht«, was sie neugierig stimmt und interessiert. Die Werbung liefert uns hierfür täglich überzeugende Muster, wie so etwas praktisch aussehen kann. Neben bildhaften Vergleichen und anschaulichen Beispielen sollten Sie dort, wo es passt, die Gefühle der Beteiligten ansprechen. Emotionalisieren Sie Ihre Gedanken, lösen Sie Stimmungen und affektive Eindrücke aus. Es gibt Stichwörter, bei denen das immer funktioniert: Familie, Kinder, Einkommen, Steuern, Arbeitsplätze, Urlaub, Liebe, Umweltschutz, Käfighaltung oder Fernsehen.

Verbale Verstärker

Sie erinnern sich an die verbalen Weichmacher. Das waren die falsche Verwendung der Möglichkeitsform und der Demutskonjunktiv. Ihr Gegenteil sind die *verbalen Verstärker.* Sie haben die Eigenschaft, nachfolgende Aussagen aufzuwerten und damit ihre Wirksamkeit zu erhöhen. Am besten probieren Sie das einmal praktisch aus. Prägen Sie sich ein paar bewährte verbale Verstärker bewusst ein. Wenden Sie diese in Ihrer nächsten Diskussionsrunde gezielt an. Hier eine Auswahl bewährter Formulierungen:

❖ **Beispiele für verbale Verstärker**
»Meine Damen und Herren, lassen Sie mich einen Punkt ganz besonders hervorheben. Es kommt jetzt entscheidend darauf an …«
»Alles, was ich gesagt habe, spricht dafür. Und jetzt die wichtigste Begründung: Wenn wir dieses Ziel nicht erreichen, dann …«
»Besonders die Umsetzung der zuletzt genannten Vorgabe wird über unser Sein oder Nichtsein entscheiden.«
»Gerade das ist der Knackpunkt …!«
»Und, ich betone dies ausdrücklich, …«
»Jetzt etwas ganz, ganz wichtiges: Meine Damen und Herren …«
»Und hier das entscheidende Argument …«
»Außerdem, Sie werden erstaunt sein, …«
»Liebe Kolleginnen und Kollegen, lassen Sie es mich mit aller Deutlichkeit formulieren, …«

❖ **Einsatzmöglichkeiten**
Sie können einen verbalen Verstärker – je nach Situation – als *Vor*-Satz an den Anfang Ihrer Argumentation stellen (oben Beispiel 1). Sie können ihn auch als *Zwischen*-Satz (oben Beispiel 2) oder als Nachsatz (oben Beispiel 3) verwenden. Sobald Sie einen Verstärker einsetzen, sollten Sie an dieser Stelle auch Ihre Lautstärke leicht erhöhen und Ihre Stimme ein wenig anheben. Dadurch werden Ihre Verstärker rhetorisch noch besser auf die Zuhörer wirken.

❖ **»So isses«**
Wir kennen ein paar Leute, die an wichtige Feststellungen den verbalen Zusatz anhängen »*So isses*« oder »*So ist es*«. Dieses Anhängsel kommt nicht übertrieben oft. Aber es steht immer wieder am Ende von Statements, die die Betreffenden als besonders bedeutsam bewerten. »So isses« bietet keinen Anlass zu Widerspruch. Leise steht es dort, halblaut und unaufdringlich, ein kleines Wort mit großer Wirkung. So banal es auch klingen mag – »So isses« gehört zu den verbalen Verstärkern.

Kapitel 9
Abwehr von Killerphrasen

Sie kennen Killerphrasen, auch K.O.-Sätze genannt, aus vielen persönlichen und dienstlichen Diskussionsrunden. Sie ersticken die Diskussion und sie machen die besten Argumente platt. Wie oft haben Sie sich darüber schon geärgert? Kapitel 9 zeigt Ihnen den Charakter dieses Phänomens, macht Vorschläge zur Abwehr und schließt mit einer kleinen Sammlung der bekanntesten Killerphrasen.

Was ist eine »Killerphrase?

Ein Blick in das Wörterbuch klärt den Begriff »Phrase« als »abgegriffene und nichts sagende Behauptung oder Redensart, hinter der nichts steckt«. Und den Zusatz »Killer« versteht jeder. Eine Killerphrase ist folglich eine kurze Erwiderung auf ein Argument oder eine Anregung, die nur einen Zweck verfolgt: Sie will den Vorschlag »abschmettern« oder das Argument »killen«.

Merkmale von Killerphrasen

Sie werden Killerphrasen in der Praxis immer dort begegnen, wo Ihre Gesprächsteilnehmer – das können Partner sein oder Vorgesetzte, aber auch Kollegen und Mitarbeiter – Ihr Argument, Ihren Lösungsvorschlag oder Ihr Konzept ablehnen, dem »Ablehner« in dieser Situation jedoch inhaltlich kein überzeugendes Gegenargument zur Verfügung steht. Als letztes Mittel greift er dann zu einer Killerphrase, in der Hoffnung, Sie damit abweisen und »mundtot« machen zu können. Killerphrasen beziehen also nicht zur Sache selbst Stellung. Sie versuchen vielmehr, quasi »im Vorfeld«, ihre vernichtende Wirkung zu entfalten.

Ein Fallbeispiel aus der beruflichen Praxis

Ein Praxisbeispiel soll dies verdeutlichen: Sie erscheinen bei Ihrem Vorgesetzten mit einem Verbesserungsvorschlag, von dessen Qualität Sie zutiefst überzeugt sind. Sie erläutern Ihre Idee ausführlich, zeigen deren Vorteile auf und warten gespannt auf die Reaktion des »Häuptlings«. Dem paßt Ihre Anregung jedoch nicht in sein Konzept. Er winkt ab mit den Worten:

»So geht das nicht, wir haben keine Zeit für solche Experimente. Halten wir am Bewährten fest!«

Dieser Ausspruch des Vorgesetzten enthält gleich zwei typische Killerphrasen: Der Chef äußert sich in unserem Fallbeispiel überhaupt nicht zum Verbesserungsvorschlag. Er verweist allein auf den ungünstigen Augenblick, die Zeitknappheit und betont, dass es so nicht geht. Er glaubt, damit die kreative Idee vom Tisch zu haben. Killerphrasen gibt es aber nicht nur im Zusammenhang mit Verbesserungsvorschlägen bei Vorgesetzten. Sie treten noch häufiger in beruflichen Diskussionen und Besprechungen auf, und wir kennen Sie aus Debatten mit Partnern, Freunden und Verwandten.

Ein Fallbeispiel aus der Diskussion mit Freunden

Auch dazu ein Beispiel, diesmal aus dem Privatleben: Sie diskutieren mit Freunden über das Thema »Steuererhöhungen«. Sie regen an, die gesunkenen Staatseinnahmen durch eine drastische Erhöhung der Tabaksteuer zu verbessern. Sie argumentieren, jede Zigarette müsste den Verbraucher eine Mark kosten. Dies käme dem Haushalt und zudem der Gesundheit zugute. Darauf entgegnet ein anderer Diskussionsteilnehmer:

»Das meinst du Witzbold doch nicht im Ernst!«

Alle lachen, und Sie ärgern sich. Aber was können Sie tun, um eine solche typische Killerphrase wirkungsvoll zu entschärfen oder sie vielleicht für Ihre Argumentation zu verwenden?

Wie man Killerphrasen abwehrt

❖ Bleiben Sie so locker wie möglich. Begegnen Sie Killerphrasen nicht, indem sie Gleiches mit Gleichem vergelten. Diese Methode würde nur zum Hin und Her, zur Eskalation und damit zu einer härteren Auseinandersetzung führen.

❖ Besser und erfolgreicher ist es, den inhaltsleeren Charakter der Killerphrase zu entlarven. Sagen Sie:

»Das war eine typische Killerphrase. Bitte nimm doch mal zu meinem Argument Stellung!«

Oder schärfer formuliert:

»Komm mir nicht mit dieser Killerphrase. Äußere dich doch mal zum Inhalt, zur Sache selbst!«

Und bleiben Sie dann konsequent. Wiederholen Sie Ihre Forderung so oft, bis Ihr Diskussionspartner nicht mehr ausweichen kann, bis es für ihn unausweichlich wird, konkret zu antworten, das heißt inhaltlich Stellung zu beziehen.

Die bekanntesten Killerphrasen

»Da liegen Sie völlig falsch.«
»Auf Sie haben wir gerade gewartet!«
»Da könnte ja jeder kommen!«
»Das ist gegen die Vorschriften!«
»Sie Witzbold, das meinen Sie doch nicht im Ernst?«
»Und sonst haben Sie nichts auf Lager?«
»Gehört das überhaupt zum Thema?«
»Haben wir das nicht schon besprochen?«
»Das kann man so doch nicht sagen!«
»So geht das nicht, das ist unmöglich!«
»Klingt theoretisch ja ganz gut, aber in der Praxis ...«
»Man merkt, dass Ihnen die Erfahrung fehlt.«
»Auf den ersten Blick vielleicht einleuchtend, lässt sich so aber niemals realisieren ...«
»Das haben wir schon immer so gemacht!«
»Sie beurteilen die Situation völlig falsch.«
»Hat sich Ihr Vorschlag schon irgendwann einmal bewährt?«
»Da sind wir nicht zuständig, das geht uns nichts an.«
»Haben wir alles schon versucht!«
»Dafür gibt es bessere Fachleute.«
»Dazu haben wir (jetzt) keine Zeit.«
»Wie jeder vernünftige Mensch weiß ...«
»Meinen Sie das etwa im Ernst?«
»Dieser Weg ist viel zu teuer/zu aufwendig/zu kompliziert.«
»Das ist technisch gar nicht machbar.«
»Das gehört nicht hierher!«
»Ihre Ideen sind doch Hirngespinste!«

Kapitel 10
Schlagfertigkeit verbessern

Was ist Schlagfertigkeit?

Wer möchte nicht schlagfertig sein? Wer möchte nicht bei Diskussionen, mit dem Vorgesetzten, in der Partnerschaft, unter Freunden oder bei Kollegen so eindrucksvoll reagieren können, dass die anderen sagen, der/die ist aber schlagfertig! Wer möchte nicht im richtigen Augenblick das richtige Wort finden, das so treffend ist, das so sitzt, dass die anderen einfach verstummen? Wer möchte nicht, dass ihnen das beabsichtigte Wort einfach im Mund stecken bleibt. Und wer möchte nicht während einer Rede oder einem Vortrag Zwischenrufe schlagfertig parieren können, vor allem, wenn diese negativ und aggressiv sind? *Schlagfertig sein bedeutet, die Fähigkeit zu besitzen, verbal spontan kontern, das heißt mit Worten überzeugend »zurückschlagen« zu können.* Diese Fähigkeit lässt sich entwickeln. Wie, das zeigen wir in diesem Kapitel.

Beispiele für schlagfertige Reaktionen

Wir bewundern Menschen, die nie um eine Antwort verlegen sind. Schlagfertige gelten als intelligent, geistreich und durchsetzungsfähig, als Erfolgsmenschen schlechthin. Wie etwa der zwölfjährige Amateur-Fakir, der auf Nägeln und Scherben laufen konnte und bei einem Interview auf die neugierige Reporterfragen »Und wo ist der Trick?« antwortete: »Ich esse Tomaten.« Oder die selbstbewusste SPD-Politikerin Herta Däubler-Gmelin, die bei einer mitternächtlichen Talkshow zu einem erotischen Thema der lüsternen Moderatorenfrage »Und wann werden Sie schwach?« souverän entgegenhielt: »Wenn ich zartbitter sehe.« Und schlagfertig reagierte auch jener Autofahrer, der die Nörgeleien der Mitfahrer an seiner

Fahrweise locker wegsteckte mit dem lapidaren Hinweis »Wenn ihr meint, ich fahre schlecht Auto, dann solltet ihr mich erst einmal reiten sehen.«

Tipp: Spontan reagieren

Doch meistens sieht die Realität anders aus. Ist es Ihnen nicht auch schon so ergangen, dass Sie nach Disputen oder Diskussionen, bei denen Sie sich angegriffen fühlten, dachten: Soundso hättest du reagieren müssen, dies und das hättest du entgegnen sollen. Doch für die Schlagfertigkeit ist es dann längst zu spät. Fünf Minuten später gibt es keine Schlagfertigkeit. Schlagfertige Antworten können nur *spontane Antworten* sein. Sie müssen sofort *ohne Verzögerung* unmittelbar auf eine Aussage oder eine Situation folgen, ohne Denkpause, ohne Wartezeit. Tipp 1 heißt deshalb: Seien Sie spontan, starten Sie Ihre Reaktionen schnell und ohne Zeitverlust.

Perfektionismus behindert schlagfertige Reaktionen

Dabei haben temperamentvolle Menschen zunächst einmal die besseren Karten, weil sie einfach schneller reagieren als »in sich ruhende« Typen. Auch wer die Dinge relativ locker sieht, hat es im Vergleich zu den ganz Gewissenhaften, die alles hundertprozentig machen wollen, viel leichter mit der Schlagfertigkeit. Bauen Sie also Ihre überhöhten Perfektionismusansprüche ab, die Sie an sich selbst stellen, sie schaden hier nur.

Schlagfertigkeit läßt sich trainieren

Noch einmal: Schlagfertige Antworten sind sehr schnelle Reaktionen, die Sie trainieren können. Bitten Sie dazu einen Freund oder eine Freundin, Ihnen auf der Seite 94 kurze Satzanfänge vorzulesen, die Sie dann spontan und möglichst geistreich verlängern sollen. Das beginnt mit dem bekannten Spruch »Wenn es dem Esel zu gut geht …«

Tipp: Unerwartete Richtung einschlagen

Sollten Sie diesen Satz mit der Verlängerung »… dann geht er aufs Eis« ergänzen, hätten Sie nicht schlagfertig reagiert. Diese Antwort fällt jedem ein. Besser wären Fortsetzungen wie »… legt er sich eine Freundin zu« oder »… kauft er sich Viagra«. Schlagfertige Reaktionen sollten immer *in einer unerwarteten Richtung* verlaufen. Nur damit erzielen Sie einen *Überraschungseffekt.* Und genau das ist Schlagfertigkeit. Seien Sie deshalb mutiger als bisher und probieren Sie neue Verhaltensweisen aus – so lange, bis Ihnen ein Freund oder eine Freundin begeistert bestätigt: »Du bist aber schlagfertig!«

Sieben Tipps, um schlagfertiger zu werden

❶ Zögern Sie keinen Augenblick, Ihre Gedanken blitzschnell auszusprechen, wenn Sie schlagfertig sein wollen. Geben Sie Dialogen eine unerwartete Richtung. Sie gehen damit keinerlei Risiko ein. Sollte Ihre Äußerung wenig schlagfertig ausfallen – überhaupt nicht schlimm.

❷ Stärken Sie Ihr Selbstvertrauen: Sie sind genau so gut wie die anderen – ja, Sie sind teilweise noch besser! Seien Sie selbstsicher und aktiv. Trauen Sie sich, durch Spontanreaktionen auch einmal negativ aufzufallen.

❸ Bleiben Sie locker, verkrampfen Sie nicht. Jeder Perfektionismus blockiert Ihre Schlagfertigkeit. Haben Sie Mut, Sachverhalte anders als gewohnt zu betrachten, aus anderen Perspektiven. Das ist die Basis für schlagfertiges Verhalten.

❹ Hören Sie aufmerksam zu, was Ihr Gesprächspartner sagt. Dann versuchen Sie, eine scheinbar logische, aber tatsächlich abwegige Schlussfolgerung aus dem Gesagten zu ziehen.

❺ Viele Wörter besitzen unterschiedliche Bedeutungen. Suchen Sie sich einen Begriff aus dem Statement Ihres Gegenüber und verwenden Sie ihn in einer anderen Interpretation.

❻ Beobachten Sie Menschen, die schlagfertig kontern können. Sammeln Sie überzeugende Beispiele. Schreiben Sie sie auf Karteikarten; nicht wenige davon lassen sich später in abgewandelter Form wieder verwenden.

❼ Lesen Sie Romane und Erzählungen. Damit entwickeln Sie mehr Phantasie und erweitern Ihren Wortschatz. So schaffen Sie sich eine breite Palette für schlagfertige Reaktionen. Lesen verbessert Ihre sprachlichen Fähigkeiten – nicht das Fernsehen!

Übung Schlagfertigkeitstraining

Aufgabe
Lassen Sie sich die folgenden Satzanfänge vorlesen. Vollenden Sie die Sätze spontan und in einer unerwarteten Richtung. Versuchen Sie möglichst originelle Ergänzungen.

Trainingsziel
Schnelle und unerwartete Reaktionen, Abbau der »Schrecksekunde«

1. Wenn es dem Esel zu gut geht …
2. Ich würde in einer Liebeslaube …
3. Alle Frauen dieser Welt …
4. Der kleinste gemeinsame Nenner …
5. Wenn ich der Heilige Vater in Rom wäre …
6. Wer Bild kauft …
7. Mein Wellensittich träumt …
8. Wenn ich morgens aufwache …
9. Teilzeitarbeit bedeutet …
10. Oskar Lafontaine …
11. Sport und Technik …
12. Wie kann man nur so charakterlos sein …
13. Die katholische Sexualethik …
14. Müsli-Esser und Bio-Pullover …
15. Wenn ich mich unsichtbar machen könnte …
16. Eifersucht und Liebeskummer …
17. Wenn ich an die Schwarzwaldklinik denke …
18. Helmut Kohl …
19. Jeder Mensch braucht einmal im Leben …
20. Ein reicher Mann …
21. Kleine Geschenke …
22. Die Amerikaner sind das einzige Volk der Welt …
23. Gut erzogene Hunde …
24. Als Gott Adam und Eva schuf …
25. Wenn ich zaubern könnte …
26. Mit der Brille auf der Nase …
27. Lieber einen Sack Flöhe hüten …
28. Am schönsten ist …
29. Ein gutes Essen ist wie …
30. Alle Männer dieser Welt …

Kapitel 11
Allgemeine Diskussion und Podiumsdiskussion

In diesem Kapitel geht es um zwei Diskussionsformen, die über die Medien – vor allem durch das Fernsehen – weithin bekannt und populär geworden sind. Beide machen ein Wesensmerkmal unserer demokratischen Gesellschaftsform aus. Wir fassen hier kurz zusammen, worauf es ankommt, wenn Sie an einer *Allgemeinen Diskussion* oder an einer *Podiumsdiskussion* teilnehmen oder diese leiten müssen. Deshalb gehen wir besonders auf die Aufgaben des *Diskussionsleiters* oder *Moderators* ein.

Allgemeine Diskussion

Synonyme
Meinungsaustausch, Plenumsdiskussion, Plenardiskussion, allgemeine Debatte.

Kurzbeschreibung
Zeitlich begrenzter Meinungsaustausch über unterschiedliche Auffassungen zu einem Problem oder Thema unter Leitung eines Moderators.

Ziele
❖ Förderung kritischer Meinungsbildung im demokratischen Sinne.
❖ Erleichtern eines Urteils/einer Entscheidung.
❖ Entwickeln von Problemlösungen in der Gruppe.
❖ Präsentation verschiedener Standpunkte – Verständnistraining.
❖ Untersuchen eines Sachverhaltes aus unterschiedlichen Perspektiven.

Vorteile
❖ Entwicklung der Mitarbeit, Anteilnahme und Verantwortlichkeit.
❖ Förderung von Sachlichkeit, Toleranz und Standhaftigkeit.
❖ Training des logischen Denkens, rascher Auffassungsgabe und sprachlicher Gewandtheit.
❖ Kritikfähigkeit und Umgang mit Konflikten werden eingeübt.
❖ Abbau von Vorurteilen wird begünstigt.
❖ Interessante, kurzweilige Methode.

Nachteile/Schwierigkeiten
❖ Benachteiligt Teilnehmer mit weniger guten sprachlichen Fähigkeiten.
❖ Benachteiligt die leisen, stillen, zurückhaltenden Menschen.
❖ Fachliche Kompetenz der Diskussionsleiter ist nicht immer gewährleistet.
❖ Zeitlich aufwendige Methode, unter Umständen viele Reibungsverluste.
❖ Der Erfolg steht und fällt mit den Fähigkeiten des Diskussionsleiters.

Beschreibung der »Allgemeinen Diskussion«

Seit Menschen zusammen leben haben sie diskutiert. Sie streiten sich über Probleme, tauschen Meinungen aus und debattieren unterschiedliche Standpunkte. Die Allgemeine Diskussion ist eine Form des lebhaften Meinungsaustausches, bei der mehrere Teilnehmer unter Leitung eines Moderators ein Thema zeitlich begrenzt erörtern.

Diskussionen bieten mehr als Gespräche. Sie stellen unterschiedliche Auffassungen deutlich heraus, und das in geordneter Form. Dabei suchen sie nach Ansätzen für Problemlösungen oder zumindest nach verbindenden Gemeinsamkeiten. Wenn Sie an einer Allgemeinen Diskussion teilnehmen, dann sollten Sie trotzdem versuchen, Ihrer Meinung, von der Sie ja überzeugt sind, durch geeignete Argumente, eine geschickte Beweisführung und taktisch kluges Vorgehen »zum Sieg« zu verhelfen.

Ziele der »Allgemeinen Diskussion«

»Jede Diskussion beruht auf der Überzeugung, dass ein gemeinsamer Lösungsversuch mit Beiträgen aus verschiedener Sicht wesentlich eher zur Wahrheit führt als eine – meist in sich selbst befangene – Einzelbemühung« (L. Rösner). Dabei wird unter »Wahrheit« keinesfalls verstanden, dass sich die Diskussionsteilnehmer am Ende der Debatte in ihrer Meinung einig sein müssen. Ein Ergebnis ist auch dann erzielt, wenn die unterschiedlichen Meinungen klargelegt und unüberbrückbare Gegensätze deutlich herausgearbeitet wurden. Wenn möglich, sollte es jedoch zu einer Annäherung der Standpunkte kommen. Oft wird im Interesse des höherwertigen einheitlichen Handelns eine gemeinsame Basis gefunden oder ein Kompromiss geschlossen, ohne dabei elementare Positionen aufgeben zu müssen. Eine wichtige Diskussionsregel lautet: *Kompromiss wo möglich – aber nicht Kompromiss um jeden Preis.* Vor diesem Hintergrund darf es Ziel aller Diskussionsteilnehmer sein, die Diskussionsgegner mit erlaubten Mitteln und unter Beachtung festgelegter Regeln von der eigenen Meinung zu überzeugen.

Anspruchsvolle Diskussionen regen zu selbständig-kritischem Denken an. Sie fördern Ihre fundierte Meinungsbildung und verbessern Ihr Sprachvermögen. Weitere Wirkungen sind: Rasche Auffassungsgabe, logisches Denken und das Beurteilen eines Problems oder einer Situation durch Abwägen verschiedener Sichtweisen. Wer diskutiert, sollte nicht nur gut reden können – er muss seine Position auch begründen und verteidigen. Darüber hinaus entwickelt die Allgemeine Diskussion Ihre Bereitschaft, sachlich bessere Argumente anzuerkennen und in Andersdenkenden keine Gegner, sondern Menschen und Partner zu sehen. Was in erster Linie zählt, ist, sich wegen eines Themas auseinanderzusetzen und nicht wegen unterschiedlicher Auffassungen der Beteiligten.

Durchführung der »Allgemeinen Diskussion«

Wenn Allgemeine Diskussionen pädagogisch sinnvoll sein sollen, sollten nicht mehr als 15 bis 20 Personen daran teilnehmen. Allein in diesem Rahmen können sich alle Teilnehmer aktiv entfalten. Als zeitliche Dauer empfehlen wir 45 bis 60 Minuten. Die Sitzordnung sollte so gewählt werden, dass die Teilnehmer untereinander Blickkontakt haben. Jede Diskussion lebt von den Sachkenntnissen der Beteiligten. Deshalb sollten Sie gut vorbereitet in eine solche Diskussion gehen. Bringen Sie einen kleinen Katalog mit, auf dem Ihre Positionen den bekannten gegnerischen Argumenten zugeordnet sind. Das wird Sie psychologisch sicher und fachlich kompetent machen.

Aufgaben des Moderators

Zu Beginn begrüßt der Diskussionsleiter (Moderator) die Beteiligten und stellt das Thema vor. Er führt kurz in die Problemstellung ein, zeigt deren Aktualität auf und sagt, warum und worüber diskutiert wird. Dann erläutert er den geplanten Verlauf der Diskussion und gibt die Regeln für den Diskussionsverlauf bekannt. Wichtig ist hier, dass sich der Moderator das ausdrückliche Einverständnis aller Beteiligten mit den vorgeschlagenen Diskussionsregeln zusichern lässt. Nur so kann er später sagen, das sind unsere Spielregeln, das haben wir gemeinsam vereinbart. Bewährt hat sich die zeitliche Begrenzung der Redezeit auf ein oder zwei Minuten.

Sollte mit penetranten Dauerrednern zu rechnen sein, empfehlen wir, die Redezeit über Hilfsmittel wie Eieruhren oder gelbe und rote Karten zu steuern. Der Diskussionsleiter bleibt – wie ein Schiedsrichter – inhaltlich streng neutral. Er muss sich während des gesamten Diskussionsverlaufs jeder direkten oder indirekten Stellungnahme enthalten. Ein guter Moderator versteht es, die Diskussion ziel- und zeitorientiert zu lenken und dabei eher etwas straff und bestimmt zu führen, ohne jedoch autoritär vorzugehen. Seine Aufgabe ist es, darauf zu achten, dass die Diskussionspartner am Thema bleiben. Jeder Teilnehmer sollte seinen Standpunkt klar herausarbeiten, erläutern und begründen können. Bei Bedarf führt

der Moderator eine Rednerliste, um sicherzustellen, dass alle Wort-
meldungen gleichrangig berücksichtigt werden. Der Diskussionsleiter spricht schweigsame oder zurückhaltende Teilnehmer direkt an
und bittet um ihre Stellungnahme. Er bremst allzu Voreilige, er-
mahnt Vielredner und achtet auf den fairen Verlauf der Diskussion.
So kommt ihm neben der *leitenden* auch eine ausgleichende Funk-
tion zu.

Und nicht zuletzt muss der Diskussionsleiter eine *integrierende*
Aufgabe wahrnehmen, das heißt, die Beiträge der Teilnehmer ordnen und zueinander in Beziehung setzen. Bei widersprüchlichen
Statements fragt er nach oder lässt unscharfe Meinungsäußerungen
präzisieren. Droht der Diskussionsverlauf zu erlahmen, setzt ihn
der Moderator durch vorbereitete Denkanstöße wieder in Gang. Je
länger die Diskussion dauert, desto häufiger werden Zwischenzu-
sammenfassungen notwendig sein.

Am Ende der Diskussion zieht der Diskussionsleiter ein Resü-
mee: Er wiederholt die Kernaussagen der unterschiedlichen Positionen, stellt Gemeinsamkeiten oder Gegensätze heraus und bedankt
sich bei allen Beteiligten für ihre partnerschaftliche, faire Mitarbeit.

Beschreibung der »Podiumsdiskussion«

Die Podiumsdiskussion ist eine Spezialform der »Allgemeinen Diskussion« – bekannt und medienbewährt – beispielsweise durch die
populäre Sendung »Pro und Contra«. Räumlich-optisch auf einem
Podium hervorgehoben, diskutieren vier bis acht fachlich besonders kompetente Vertreter unterschiedlicher Positionen unter Leitung eines Moderators ein strittiges Thema in einem vorab festgelegten Zeitrahmen. Die Teilnehmer der Podiumsdiskussion setzen
sich entweder stellvertretend für stärkere Gruppen, die für eine allgemeine Diskussion zu groß wären, mit einem Problem auseinan-
der und vertreten dabei ihre unterschiedlichen Standpunkte oder
sie repräsentieren als herausragende Experten ein bestimmtes Fach-
gebiet oder eine typische Auffassungsrichtung.

Podiumsdiskussion

Synonyme
Podiumsgespräch, panel-discussion, Plattformdiskussion.

Kurzbeschreibung
Vor einer Zuschauer-/Zuhörergruppe diskutieren vier bis acht besonders kompetente und gut vorbereitete Fachleute ein spezielles Problem oder Thema.

Ziele
❖ Vermittlung komplexer Informationen, die ein hohes Informationsniveau voraussetzen.
❖ Repräsentative Auseinandersetzung über unterschiedliche Auffassungen zu bestimmten Sachverhalten.
❖ Förderung der Meinungsbildung, Urteilsfindung und des Problemlösungsverhaltens der Zuschauer/Zuhörer.
❖ Sicherung anhaltender Zuwendung durch dramaturgisch interessanten Ablauf.

Vorteile
❖ Fundierte Meinungen und überzeugende Standpunkte gegensätzlicher Art werden diskutiert.
❖ Hoher Spannungs- und Aufmerksamkeitsgrad bei den Zuschauern/ Zuhörern.
❖ Kontroversen und Konflikte werden beispielhaft fair und über demokratische Formen ausgetragen.
❖ Weitere Vorteile wie bei der »Allgemeinen Diskussion«.

Nachteile/Schwierigkeiten
❖ Zuschauer/Zuhörer nehmen nicht aktiv am Geschehen teil, sie bleiben weitgehend passiv.
❖ Kann ausarten in Fachsimpelei oder weltfremd-trockenes Theoretisieren.
❖ Gefahr des Monologisierens und der Selbstdarstellung der Diskutanten.

Ziele der »Podiumsdiskussion«

Grundsätzlich gelten für die Podiumsdiskussion die gleichen Ziele wie für die »Allgemeine Diskussion«. Darüber hinaus wird mit dieser besonderen Diskussionsform erreicht, dass gut informierte Fachleute, die ein Problem aus unterschiedlichen Perspektiven beleuchten, für die persönliche Meinungsbildung der Zuschauer beziehungsweise Zuhörer neue Erkenntnisse liefern. Weil die fachlich überdurchschnittlich kompetenten Diskutanten auf dem Podium fast immer auch gute Rhetoriker sind, können zwei bedeutsame Nebenziele realisiert werden: Die Podiumsdiskussion verläuft auf einem hohen sprachlichen Niveau und sie garantiert bei den Zuschauern bzw. Zuhörern ein Höchstmaß an interessierter Zuwendung und anhaltender Aufmerksamkeit.

Durchführung der »Podiumsdiskussion«

Podiumsdiskussionen sollten möglichst von einer erhöhten Plattform aus geführt werden, damit jeder Zuschauer bzw. Zuhörer im Plenum die Diskutierenden von seinem Platz aus gut sehen kann. Die Debatte wird wie in der »Allgemeinen Diskussion« durch den neutralen Diskussionsleiter (Moderator) eröffnet und gelenkt.

Bei der Vorstellung der Teilnehmer auf dem Podium sollte von vornherein klar herausgestellt werden, welche Richtung jeder Einzelne vertritt beziehungsweise zu welcher Gruppe oder Institution er gehört. Bevor die Repräsentanten auf dem Podium frei diskutieren, sollten sie – einzeln oder im Namen ihres Fraktionskollegen Pro und Contra – jeweils ein kurzes Eingangsstatement abgeben.

Im Übrigen gelten für die Podiumsdiskussion die gleichen Regeln wie für die Allgemeine Diskussion, auch was die Aufgaben des Diskussionsleiters (Moderators) betrifft. Dieser hat zusätzlich darauf zu achten, dass der Ablauf des Gesprächs für die Zuhörergruppe verständlich und verwertbar bleibt. Einzelne Beiträge dürfen nicht in lange Monologe oder spezielle »Fachsimpelei« ausarten, die die Zuhörer nicht verstehen oder nicht interessieren.

Es ist sinnvoll, etwa in der Mitte oder gegen Ende der Diskussionszeit der zuhörenden Gruppe die Gelegenheit zu geben, gegenteilige Auffassungen zu äußern, Fragen an die Experten zu stellen oder Unterstützung und Ergänzungen vorzutragen. In dieser Phase geht die Podiumsdiskussion in eine allgemeine Diskussion über. Gegen Ende der festgelegten Zeit können die Vertreter auf dem Podium nochmals Stellung zu den Beiträgen nehmen, die von den Zuhörern aus dem Plenum gekommen sind. Außerdem ist es üblich, einzeln oder fraktionsweise ein Schluss-Statement abzugeben.

Kapitel 12
Das Harvard-Konzept und
Power Talking

Wir stellen Ihnen in diesem Kapitel zwei Methoden vor, die aus den USA zu uns gekommen sind, sich aber auch im deutschsprachigen Kulturraum bisher sehr erfolgreich durchgesetzt haben. Obwohl beide Ansätze mehr für die Alltagskommunikation entwickelt wurden, speziell für Verkaufsgespräche und Verhandlungen, sind sie doch grundsätzlich gut geeignet, auch Ihr Diskussionsverhalten zu optimieren.

Das Harvard-Konzept: Erfolgreich verhandeln

Mit mehr als einer halben Million verkaufter Bücher in fünfzehn Sprachen hat sich das Harvard-Konzept bislang weltweit bekannt gemacht. Die deutsche Übersetzung liegt in der 17. Auflage vor (Fisher, Roger/Ury, William/Patton, Bruce M.: Das Harvard-Konzept: Sachgerecht verhandeln – erfolgreich verhandeln. Campus Verlag Frankfurt a.m. [17]1998) – keine schlechte Empfehlung für ein Sachbuch. Die Wurzeln dieses Konzeptes gehen zurück auf umfangreiche Studien eines Forschungsteams der Harvard-Universität. Das Untersuchungsteam hatte sich vorgenommen, Methoden und Strategien zu entwickeln, mit denen nicht nur unterschiedliche Positionen durch Verhandeln überwunden werden können, sondern die auch helfen, selbst aus den verfahrensten Situationen herauszukommen.

Das Harvard-Konzept nennt sich *Sachbezogenes Verhandeln* oder *Verhandeln nach Sachlage*. Es ist bestimmt beim Durchsetzen von Zielen, geht aber weich mit den Verhandlungspartnern um. *Vier Merkmale* kennzeichnen diese Strategie:

❖ Die Beteiligten müssen Menschen und Probleme voneinander trennen.

❖ Was zählt, sind die sachlichen Interessen, nicht die persönlichen Positionen.

❖ Es gilt, für sich selbst wie auch zusammen mit dem Verhandlungspartner Optionen zu entwickeln, die für beide Vorteile bringen.

❖ Alle Beteiligten müssen sich auf neutrale Beurteilungskriterien einigen, an denen das Verhandlungsergebnis gemessen werden kann.

Natürlich greift das Harvard-Konzept nur, wenn beide Partner seine Spielregeln akzeptieren. Und wenn die Gegenseite nicht mitspielt? Wenn Sie beispielsweise sachbezogen diskutieren, Ihr Gegenüber aber die »Ad-personam-Technik« einsetzt? Dann empfiehlt das Harvard-Konzept ein *Verhandlungsjudo*: Vermeiden Sie die übliche Eskalationsspirale aus Aktion und Reaktion. Schlagen Sie nicht zurück; keine Gegenattacke, auch nicht bei persönlichen Angriffen. Verteidigen Sie sich nicht. Durchbrechen Sie den Teufelskreis. Gehen Sie einen Schritt zur Seite. Lassen Sie den Stoß des Anderen ins Leere laufen und lenken Sie die persönlichen Angriffe wieder auf das Sachproblem zurück.

Power Talking – ein Bestseller

1991 erschien in den USA ein bemerkenswertes Buch des Unternehmensberaters George Walther mit dem prägnanten Titel »Power Talking«. Seine deutsche Übersetzung fand schnell Anhänger und Befürworter. Vor kurzem erschien die 14. Auflage (Walther, George: Sag, was du meinst, und du bekommst, was du willst. Mit Power Talking zum Erfolg. Düsseldorf/München [14]1998). Immer mehr Seminare und Trainings vermitteln diese Methode. George Walthers Konzeption – für eilige Leser am Ende seines Bestsellers in fünfzig Thesen zusammengefasst – bildet eine Mixtur aus Selbstmotivation, positivem Denken, allgemeinen Kommunikationsratschlägen und einem Schuss Selbstbewusstseinstraining. Wenn das

Ganze auch etwas euphorisch und ziemlich amerikanisch aufgemacht ist, stecken in Power Talking doch eine Reihe verständlicher und leicht nachvollziehbarer Empfehlungen, die Sie in Ihrem Diskussionsverhalten nutzbringend umsetzen können. Hier *zwei Kostproben* aus »Power Talking«:

---

34. Sprachbarrieren durchbrechen
Wenn Sie in Konflikt mit jemandem stehen, dann drücken Sie sich ihm gegenüber so aus, dass Ihre Absicht deutlich wird, mit ihm zusammenzuarbeiten, nicht gegen ihn zu arbeiten. Machen Sie deutlich, dass Sie auf derselben Seite stehen. Anstatt zu sagen:
»Ich verstehe, was Sie da verlangen. Aber ich muss mich an meine Richtlinien halten.«
Sagen Sie lieber:
»Wir haben beide gemeinsame Ziele. Wollen wir doch mal sehen, wie wir zusammenarbeiten können.«

41. Ich glaube, ich weiß, was Sie sagen wollten
Nehmen Sie sich die Zeit, um sich bestätigen zu lassen, dass Sie – bei einem Telefonat zum Beispiel – alles richtig verstanden haben. Machen Sie dabei deutlich, dass Sie verantwortlich für die korrekte Übermittlung der Information sind. Anstatt zu sagen:
»Ich glaube, das wäre damit erledigt. Ich denke, wir haben uns verstanden.«
Sagen Sie lieber:
»Lassen Sie uns noch einmal klarstellen, dass wir beide vollkommen übereinstimmen, indem wir die Argumente kurz rekapitulieren.«

Kapitel 13
Die sieben Gebote des aktiven Zuhörens

In unserem letzten Kapitel geht es um konzentriertes Zuhören in Diskussionen. Von seiner Wichtigkeit her müsste es am Anfang des Buches stehen. Wer erfolgreich kommunizieren und diskutieren will, der darf nicht nur reden und reden und argumentieren – er muss vor allem *aktiv zuhören* können. Was nützt eine rhetorisch noch so brillant vorgetragene These – wenn sie nicht ihren Zusammenhang mit vorausgegangenen Diskussionsinhalten erkennen lässt?

Die Natur gab dem Menschen zwei Ohren, aber nur einen Mund – dies ist ein sanfter Hinweis darauf, dass Sie mehr hören als sprechen sollten.

Aktiv zuhören ist mehr als nur nicht sprechen

Anderen Menschen zuzuhören gehört zu den wichtigsten Voraussetzungen jeder gelungenen Kommunikation. Die wirklich erfolgreichen Frauen und Männer in unserem Staat, in der Politik und in der Wirtschaft nutzen das – sie hören zu, wenn andere reden. Von Helmut Schmidt ist überliefert, er habe zwei Drittel seiner Arbeitszeit mit Zuhören verbracht und weniger als ein Drittel selbst gesprochen.

Leider verfügen nicht alle Menschen über diese sympathische soziale Eigenschaft unseres früheren Bundeskanzlers. Viele glauben, nur wenn sie selbst reden, seien sie aktiv. Während ihre Dialogpartner sprechen, wandern sie gedanklich ab oder basteln am eigenen Diskussionsbeitrag – und hören nicht zu. Manche meinen auch, sie wüssten sowieso alles besser oder der Sprecher beziehungsweise die Sprecherin sind Ihnen unsympathisch.

Diskussionen leben vom »Sich-zuhören-Können«. Zuhören ist gleichbedeutend mit »zuwenden«. Diese Zuwendung soll Ihrem Diskussionspartner signalisieren: Es ist gut, dass du sprichst. *Ich bin bei dir. Ich wende mich dir zu. Du kannst dich öffnen. Schicke mir deine Gedanken. Ich höre dir zu.*

❖ **Gebot 1: Stellen Sie sich auf Ihren Diskussionspartner ein.**
Versuchen Sie, allen Menschen die gleiche Zuwendung zu widmen – den Ihnen sympathischen und gleichermaßen den weniger sympathischen. Vergessen Sie Ihre Vorurteile, Meinungen und Erwartungen, stellen Sie diese zumindest hintenan. Versuchen Sie die Perspektive des anderen einzunehmen. Sobald Sie die Dinge aus der Sicht des anderen verstehen, haben Sie sich auf ihn eingestellt.

❖ **Gebot 2: Unterdrücken Sie den Reflex zur sofortigen Gegenreaktion.**
Manche Diskussionsteilnehmer interessiert nur wenig, was ihre Dialogpartner vortragen. Sie meinen, sie wüssten schon, was die anderen sagen. Sie sind nur auf dem Sprung: Sobald ihre eigene Argumentation steht, lauern sie auf eine Gelegenheit, den Redner zu unterbrechen, um selbst sprechen zu können.

❖ **Gebot 3: Zeigen Sie Ihrem Diskussionspartner nonverbal, dass Sie aktiv zuhören.**
Wenden Sie sich dem Menschen auch körperlich zu, dem Sie zuhören wollen. Drehen Sie Ihren Oberkörper zum Sprecher. Nehmen Sie Blickverbindung auf. Schenken Sie ihm ein freundliches Lächeln. Nicken Sie ab und zu zustimmend – das ermuntert zum Weiterreden. Tun Sie dies aber nie bei Dauerrednern!

❖ **Gebot 4: Zeigen Sie Ihrem Diskussionspartner verbal, dass Sie aktiv zuhören**
Kris Cole nennt das »Bestätigendes Zuhören«: Wenn Sie »mmh« sagen, während der andere spricht, zeigen Sie, dass Sie seinem Gedankengang folgen. Andere verbale Bestätigungsmöglichkeiten sind: »Ach ja?«, »Und dann?«, »Interessant«, »Und wie ging es weiter?«

❖ **Gebot 5: Wiederholen Sie wichtige und schwierige Kernaussagen.**
»Wiederholen« heißt in diesem Zusammenhang rückmelden oder paraphrasieren: Sie wiederholen komplizierte Inhalte oder Kernaussagen Ihres Diskussionspartners sinngemäß oder fassen zusammen, was dieser gesagt hat, um Ihr richtiges Verstehen zu überprüfen. Dann hat Ihr Gegenüber die Möglichkeit, bestätigend zu sagen: »Ja, so habe ich das gemeint«. Oder er wird anmerken: »Nein, das haben Sie falsch verstanden«. Und dann kann er seine Gedanken noch einmal verdeutlichen und sie besser vermitteln.

❖ **Gebot 6: Spiegeln Sie negative Gefühlslagen
  Ihres Diskussionspartners.**
  Emotionale Befindlichkeiten können Diskussionsabläufe erheblich stören: Ärger, Wut, Aufregung, Missmut, Verunsicherung,
  Enttäuschung. Indem Sie versuchen, diese negativen Gefühlslagen Ihres Diskussionspartners mit eigenen Worten wiederzuge-
  ben, entspannen Sie ihn, helfen Sie ihm, seine Gefühle zu ver-
  ringern oder ganz abzubauen.

❖ **Gebot 7: Lassen Sie sich nicht durch Polemik und Vorwürfe
  vom aktiven Zuhören abhalten.**
  Bei Diskussionen um Konflikte oder im Bereich der Kampfdialektik wird es häufiger vorkommen, dass Ihr Diskussionspartner
  Sie mit scharfer Kritik, persönlichen Vorwürfen oder polemischen Argumenten hart trifft. Sie erkennen das daran, wie Ihr
  Adrenalinspiegel steigt: Sie bekommen mentalen Stress. Versuchen Sie trotzdem, weiter aktiv zuzuhören. Das ist zwar schwer,
  aber sehr wichtig. Sonst entgehen Ihnen wichtige Informationen.

Kommentierte Literaturhinweise

Literaturverzeichnisse von mehreren Seiten Länge anzufertigen, ist eine der leichtesten Übungen für jeden Autor. Ihr Wert und ihr praktischer Nutzen gehen jedoch gegen Null. Wir wollen es hier besser machen: Wir empfehlen Ihnen mit einem kurzen *Beurteilungskommentar* von uns getestete Bücher zum Thema »Diskutieren und Argumentieren«, die Sie *preiswert* in jeder Buchhandlung kaufen oder in Bibliotheken ausleihen können. Die Zahl der Sternchen symbolisiert *unsere Bewertung.*

*** **Cole, Kris: Kommunikation klipp und klar**
Beltz Verlag, Weinheim und Basel, 2. Auflage 1999
(ISBN 3-407-36324-9)
Kris Cole ist eine der führenden Trainingsberaterinnen in Australien. In ihrem Buch hat sie alle grundlegenden Techniken einer erfolgreichen Kommunikation leicht verständlich und praxisbezogen beschrieben: Eine sehr empfehlenswerte Basis für die Argumentations- und Diskussionstechnik.

*** **Lemmermann, Heinz: Schule der Debatte**
Verlag mvg, München 1996 (ISBN 3-478-81114-7)
Sehr empfehlenswertes Buch zu aktuellen Problemen der Rede- und Argumentationstechnik. Kurz und prägnant geschrieben (100 Seiten). Interessierte Leser finden ein weiterführendes Literaturverzeichnis.

*** **Altmann, Hans Christian: Überzeugt reden, verhandeln, argumentieren.**
Heyne Verlag , München 1995 (ISBN 3-453-02634-9)
Altmanns Taschenbuch behandelt drei Themen: Reden – Verhandeln – Konferieren. Es ist ein Arbeitsbuch mit praktischen Tipps, Regeln und Merksätzen. Ausgearbeitete Checklisten und Anwendungsbeispiele liefern gute Ideen auch für die Diskussion. Sehr empfehlenswert.

** **Niedenhoft, Horst-U. / Schuh, Horst: Argumentieren
– diskutieren.** Eine Taktikfibel für die Praxis
**Deutscher Instituts-Verlag, Köln ²1997
(ISBN 3-602-14380-5)**
Hier kommen zwei Praktiker in Sachen Argumentation und
Diskussion zu Wort. Wenn auch nicht sehr umfassend, bietet
ihre Fibel doch eine nützliche Hilfe für die Praxis. Besonders
gut: Die Checklisten mit Platz für eigene Erfahrungen. Insgesamt: Empfehlenswert.

** **Normann, Reinhard von: Schlagend argumentieren
Heyne Verlag, München 1992 (ISBN 3-453-53168-X)**
Der Autor gliedert sein Taschenbuch in einen ersten Teil
(grundlegendes Know-how) für erfolgreiche Debatten. Dieser
Abschnitt ist diskussionsbedürftig. Sehr gut dagegen der zweite
Teil: Ein Argument-ABC liefert Pro- und Contra-Aussagen zu
einigen hundert bekannten Themen (von Abrüstung bis Zu-
kunftsforschung).

** **Edmüller, Andreas / Wilhelm, Thomas:
Argumentieren – sicher – treffend – überzeugend
WRS Verlag, Planegg 1998 (ISBN 3-8092-1313-6)**
Mit ihrem Ratgeber wollen die Verfasser – ein Hochschullehrer
für Philosophie und ein Weiterbildungstrainer – die argumen-
tative und logische Kompetenz der Anwender verbessern und
professionalisieren. Sie unterscheiden nach vier Argumentati-
onsarten (Full-Power-, High-Power-, Low-Power- und No-
Power-Argumente). Obwohl die Erklärungsansätze von Ed-
müller/Wilhelm sehr logisch aufgebaut sind, fehlt ihnen leider
der rechte Praxisbezug. Trotzdem: Empfehlenswert.